COLOR ZUKAI DE WAKARU KAGAKUTEKI APPROACH & PUTT NO GOKUI
Copyright ⓒ 2011 Yoshihiko Otsuki
All rights reserved.
Original Japanese edition published by SOFTBANK Creative Corp.
Korean translation rights ⓒ 2012 by ArgoNine
Korean translation rights arranged with SOFTBANK Creative Corp. Tokyo
through EntersKorea Co., Ltd., Seoul, Korea

이 책의 한국어판 저작권은 (주)엔터스코리아를 통한 일본의 Softbank Creative Corp.와의 독점 계약으로 아르고나인이 소유합니다.
신 저작권법에 의하여 한국 내에서 보호를 받는 저작물이므로 무단전재와 무단복제를 금합니다.

원리를 알면 골프가 쉬워진다!
바로 10타를 줄이는 비법 공개!

프로골퍼도 몰래 보는 골프책 2

어프로치와 퍼팅의 비법

오츠키 요시히코 저 | 이용택 역

봄봄스쿨

원리를 알면 골프가 쉬워진다!
바로 10타를 줄이는 비법 공개!

프로 골퍼도 몰래 보는 골프책2
어프로치와 퍼팅의 비법

1판 8쇄 인쇄 2025년 7월 10일
1판 1쇄 발행 2012년 2월 20일

저　　자 | 자오츠키 요시히코
역　　자 | 이용택
편　　집 | 손호성
디자인 | 김수진
영　　업 | 손승현
인　　쇄 | 신하프린팅

발행인 | 손호성
펴낸곳 | 봄봄스쿨

등　　록 | 제 2023-000128호
주　　소 | 서울특별시 종로구 사직로8길34 경희궁의 아침 3단지1309호

전　　화 | 070.7535.2958
팩　　스 | 0505.220.2958
e-mail | atmark@argo9.com
Home page | http://argo9.com

ISBN 979-11-5895-064-4 13690

※ 값은 책표지에 표시되어 있습니다.

머리말

"골프는 과학이다."

어쩌면 지나친 말일 수도 있지만, 골프는 14개의 다양한 클럽을 미묘하게 구분해서 사용해야 하기 때문에 과학적인 연구를 거듭해야 하는 것이 사실이다. 14개의 클럽은 모두 과학적 원리를 기초로 작용한다. 프로나 싱글 중에는 과학적 원리를 생각하지 않고, 어렸을 때부터 훈련과 지도를 통해 자연스럽게 몸에 익힌 노하우를 구사하는 예도 많다. 하지만 대부분의 아마추어, 특히 많은 시니어 골퍼는 그렇지 않다. 이런 사람은 여러 상황에서 합리적이고 과학적인 연구를 할 필요가 있다. 그래야 조금이라도 미스를 줄이고 비거리를 늘려, 스코어를 개선할 수 있다.

이처럼 아마추어와 시니어 골퍼를 위해 쓴 책이 앞서 출간한 〈프로 골퍼도 몰래보는 골프책〉이다. 다행히 많은 분으로부터 호평을 받았고, 골프 인구가 많은 한국에서도 번역 출판되었다. 그래서 용기를 내어 제2탄 격인 이 책을 출판하기에 이르렀다.

이 책에는 어프로치와 퍼팅의 비법을 담았다. 왜 하필 어프로치와 퍼팅일까? 그것은 골프 스코어의 대부분이 어프로치와 퍼팅으로 결정되기 때문이다. 드라이브샷을 실패해서 비거리가 평소보다 50야드 덜 나왔다고 해도 전혀 당황할 필요가 없다. 두 번째 타로 나이스온을 한 후, 두 번의 퍼팅으로 컵인을 하면 여유 있게 파(par)를 기록할 수 있기 때문이다. 두 번째 타까지 실패해서 볼을 그린에 올려놓지 못해도, 그린 주변에서 볼을 컵에 붙이면 역시 파를 기록할 수 있다. 어프로치와 퍼팅 실력만 좋으면 '연속 파 브레이크'가 가능한 것이다.

매우 단순해 보이는 퍼팅에 대체 어떤 과학적 이론이 숨어 있을까? 필자는 아홉 살이던 손자에게 퍼팅을 가르쳐준 적이 있다. 손자는 퍼팅을 생전 처음 해 보는데도 10타 중 6타를 컵인했다. 그때 필자는 9타를 컵인했다. 아홉 살 손자가 이 정도 할 수 있다면 약간이나마 실력이 좋은 어른이나, 10년간 경험을 쌓은 베테랑 골퍼나, 골프를 시작한 지 2~3년밖에 지나지 않은 초보자나 '퍼팅에 관해서는 큰 실력 차이가 없다.'고 생각되었다. 퍼팅은 결국 멈춰 있는 볼을 막대기로 쳐서 구멍에 넣는 것에 불과하기 때문이다.

하지만 사실은 커다란 차이가 있다. 이 단순한 플레이야말로 골프의 진수, 골프의 승부처이다. 게다가 어프로치는 신기(神技)라고 할 만하다. 예를 들면 제4장에서 설명하듯이, '순회전 퍼팅을 하기 위해서는 볼의 5분의 2 지점을 쳐야 한다.'는 것이 이 책의 주장이다. 이것은 대부분의 골프 책에는 쓰여 있지 않은 사항이다. 물론 프로 골퍼도 이러한 이론은 모른다. 하지만 미국 PGA투어 선수의 대부분은 실제로 5분의 2 타법을 사용하고 있다.

이 책에서 설명하는 골프 이론은 대부분 처음으로 공개되는 것이다. 이 말을 들으면 독자 여러분은 불안할지도 모르겠다. 그래서 필자는 이론을 뒷받침하는 실험적 증거를 함께 실었다. 이것이 각 장의 말미에 있는 '참고'이다. 그 중에는 앞서 언급한 5분의 2 타법 외에 '생크가 나지 않는 스탠스', '반진자 퍼팅', '컵 주위에서 볼이 벗어나는 정도', '퍼터의 샤프트를 늘어뜨리고 경사를 읽는 방법의 무의미함',

'등고선을 머릿속에서 그리기' 등이 있다. 프로나 레슨프로가 들으면 의심에 찬 눈빛으로 바라볼 만한 내용이 가득하다. 하지만 정당한 이론과 실험 결과가 있기 때문에 필자는 자신 있다.

 이 책에서는 각 항목마다 설명하려는 과학적 비법을 ▶비법의 기본에서 대략적으로 소개한다. 시간 여유가 없는 독자는 ▶비법의 기본만 읽어도 상관없다. 그 다음으로 ▶비법의 설명에서 좀 더 자세히 비법을 해설한다. 여기까지 읽으면 비법을 납득하고 자신의 플레이에 반영할 수 있으며 오래 기억할 수 있을 것이다. 이어서 ▶비법의 과학에서는 과학적, 역학적 근거를 설명한다. 역학은 고등학교 물리 정도의 내용이지만, 어렵다고 느끼는 독자는 마지막에 있는 ▶비법의 정리만 기억해도 충분하다. 하지만 필자가 정직한 과학적 근거를 통해 비법을 주장하고 있다는 사실만큼은 이해해 주기 바란다.

 좌우간 필자의 이론을 납득하고 연습에 반영하는 것이 중요하다. 이론을 납득하고 연습에 전념해야 성과를 더 빠르고 확실히 올릴 수 있다.

오츠키 요시히코

CONTENTS

머리말 ·· 5

제1장 어프로치의 비법 ·· 11
1-1 피칭과 치핑의 비법 ·· 12
1-2 좋은 스탠스의 비법 ·· 17
1-3 좋은 스윙의 비법 ·· 22
1-4 깊은 러프나 부드러운 지면에서의 스윙 비법 ·· 26
1-5 섕크를 내지 않는 궁극의 비법 ① ·· 29
1-6 섕크를 내지 않는 궁극의 비법 ② ·· 33
1-7 섕크를 내지 않는 궁극의 비법 ③ ·· 38
제1장 참고 ·· 41

제2장 벙커샷의 비법 ·· 43
2-1 가드 벙커에서 핀을 노리는 비법 ·· 44
2-2 샌드웨지의 특성을 살리는 비법 ·· 49
2-3 비가 온 후나 단단한 벙커 탈출 비법 ·· 52
2-4 페어웨이 벙커에서 탈출하는 비법 ·· 57
제2장 참고 ·· 61

제3장 아이언 선택의 비법 ·· 63
3-1 아이언의 특성을 아는 비법 ·· 64
3-2 로프트 각과 라이각의 비법 ·· 68
3-3 밸런스의 비법 ·· 71
제3장 참고 ·· 74

제4장 퍼팅 스윙의 비법 ·· 75
4-1 진자 스윙과 반진자 스윙의 비법 ·· 76
4-2 진자 스윙과 펀치샷의 비법 ·· 82
4-3 핸드퍼스트 스윙의 비법 ·· 87
4-4 수평 적도 타법의 비법 ·· 91
4-5 순회전 타구의 비법 ·· 95
제4장 참고 ·· 99

제5장 퍼터 선택의 비법 · 103
- 5-1 T자형 플레이트와 L자형 플레이트의 선택 · 104
- 5-2 말렛형과 핀형 선택의 비법 · 110
- 5-3 투볼형과 네오말렛형 선택의 비법 · 116
- 5-4 넥퍼스트형을 구사하는 비법 · 121
- 5-5 로프트가 있는 퍼터를 사용하는 비법 · 127
- 5-6 특이한 디자인의 퍼터를 구사하는 비법 · 132
- 제5장 참고 · 137

제6장 그린을 정복하는 비법 · 141
- 6-1 잔디결을 읽는 비법 · 142
- 6-2 경사를 읽는 비법 · 147
- 6-3 샤프트를 시계추처럼 들고 경사를 읽는 비법 · 150
- 6-4 범피도넛을 공략하는 비법 · 154
- 6-5 스탠스 자세에서 방향선을 결정하는 비법 · 158
- 제6장 참고 · 161

제7장 볼의 궤도를 제어하는 비법 · 165
- 7-1 경사면 타법의 비법 · 166
- 7-2 그린의 등고선을 읽는 비법 · 170
- 7-3 포커스 효과를 이용하는 퍼팅의 비법 · 173
- 7-4 칼라에서 그린으로 칠 때의 비법 · 178
- 제7장 참고 1 · 184
- 제7장 참고 2 · 187

제8장 볼을 선택하는 비법 · 189
- 8-1 좋은 볼을 구분하는 비법 · 190
- 8-2 딤플 선택의 비법 · 194
- 8-3 편심 볼을 극복하는 비법 · 198
- 8-4 볼의 구조를 이해하는 비법 · 202
- 제8장 참고 · 204

이 책의 활용법

1 비법의 기본

누구나 쉽게 실천할 수 있도록 어려운 해설을 빼고 설명한다.
비법의 실천법만 간단히 알고 싶은 사람은 이 부분을 필독하자.

2 비법의 설명

비법의 기본을 조금 더 자세히 해설하고 보충한다.
원리부터 이해하고 싶은 사람은 이 부분을 필독하자.

3 비법의 과학

시간의 여유가 있는 사람이나 과학적, 역학적인 해설을 이해하고,
심도 깊은 비법을 익히고 싶은 사람은 이 부분을 필독하자.

4 비법의 정리

핵심만 알고 싶은 사람은 이 부분을 읽기 바란다.
이 책의 진수가 이 부분에 모여 있다.

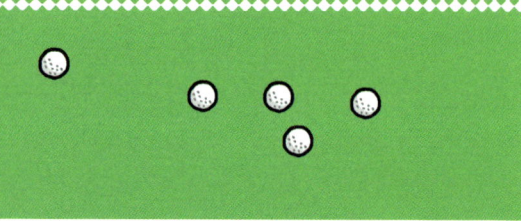

제 1 장
어프로치의 비법

1-1 피칭과 치핑의 비법

▶ **비법의 기본**

피칭pitching은 보통 홀로부터 100~50야드 떨어진 곳에서 피칭웨지PW 등을 사용해서 친다. 볼을 올려서 핀 옆에 붙이는(컵인을 노림) 것이다(그림 1).

그림 1

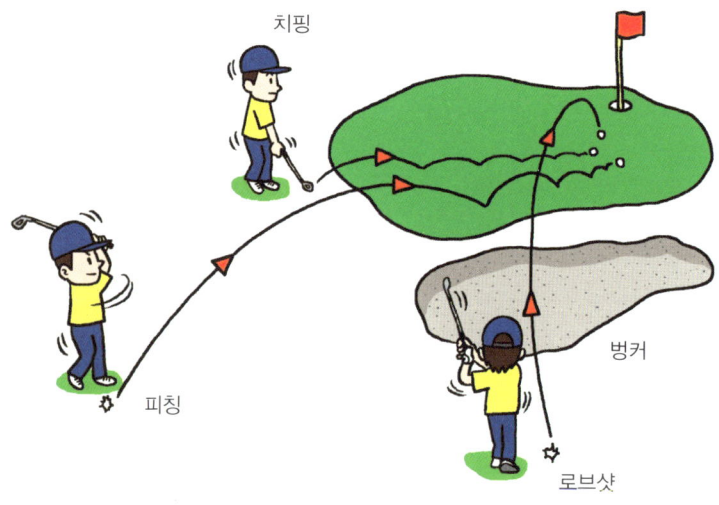

또한, 치핑chipping은 볼을 굴려서 핀에 붙이는 것이다. 어프로치 샌드웨지AS나 샌드웨지SW 등을 사용한다. 거리에 따라서 **풀샷**, 팔을 수평까지만 올리는 **하프샷**, 30도 정도 올리는 **30도샷**을 사용한다(그림 2).

그림 2

풀샷
하프샷
30도샷

　볼과 컵 사이에 벙커, 숲, 연못 등이 있을 때는 빠질 위험이 있기 때문에 볼을 확실히 올려서 쳐야 한다. 이것은 로브샷이라고 해서 보통의 피칭과 구별된다. 로브샷은 로프트각$^{\text{oft angle}}$이 큰 웨지(로프트각이 큰 로브샷용인 로브웨지)를 사용하거나, 페이스를 오픈해서 친다(그림 3). 페이스는 지면에 수평이 되도록 열어준다. 스윙은 '볼의 오른쪽 위를 V자형으로' 친다. 그린 가까운 곳에서 컵인을 노리려면 다음과 같은 방법이 있다.

　　(A) 퍼터를 사용한다.
　　(B) 웨지를 퍼터처럼 사용해서 친다.
　　(C) 우드를 짧게 잡고 퍼터처럼 친다.

그림 3

오픈한다

로브샷은 페이스를 오픈해서 친다

이러한 타법을 사용하면 볼을 러프 위로 올린 뒤 그린에 굴릴 수 있다(런). 그래서 이 방법을 피치 앤드 런 pitch and run 이라고도 한다. 그린 가까이에서도 피칭이나 로브샷이 가능하지만, 되도록이면 그린을 굴러가게 하는 편이 미스를 줄일 수 있다.

▶ **비법의 설명**

핀에 잘 붙이는 것은 골프의 핵심이며, 좋은 점수를 내기 위해서는 반드시 숙련되도록 해야 한다. 어떤 곳에서도 'OK볼(이미 들어간 것과 다름없는 볼)'을 만들 수 있는 필자의 친구는 언제나 70타대로 라운딩을 마친다.

그 친구는 볼을 핀에 붙이는 데 거의 피칭웨지만 사용한다. 100야드 떨어진 곳에서 풀샷으로 좌우 1미터 정도, 전후 2미터 정도까지 붙이는데, 70~90야드 떨어진 곳에서는 팔을 수평까지만 올려서 친다. 그보다 가까운 곳에서는 30도 정도 올려서 친다.

아마추어는 이러한 하프샷과 30도샷에 주의해야 한다. 풀샷에 비해 하

어프로치의 비법 제1장

프샷과 30도샷은 익숙지 않기 때문에, 스윙이 부자연스럽고 실수도 잦다.

따라서 피칭웨지를 사용해서 무리하게 작은 스윙을 하기보다, 짧은 어프로치 샌드웨지나 샌드웨지를 시도하는 편이 낫다. 또한 피칭웨지를 짧게 잡는 방법도 있다.

샌드웨지를 사용해서 치핑이나 로브샷을 하는 경우, 솔sole이나 바닥의 돌출부가 생각지 못한 방해를 할 때도 있다. 볼을 핀에 붙이는 데는 솔 면이 크지 않은 웨지가 좋다(사진 1). 솔 면에 의해 볼이 튀어서 되돌아오거나 불규칙한 바운드가 일어날 수 있기 때문이다.

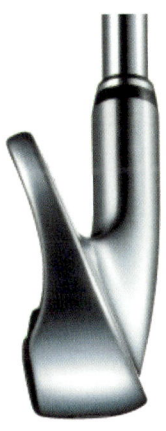

사진 1

솔 면이 크지 않은 웨지의 예
'젝시오 포지드 아이언'

사진 제공 : SRI스포츠

▶ **비법의 과학**

원칙적으로 볼을 굴려야 컵인하기 쉽다. 이것은 확률적으로도 밝혀진 사실이다. 따라서 피치 앤드 런을 할 때는 런 부분을 중시해야 한다. 하지만 울퉁불퉁한 그린에서는 잔디나 경사에 의해 과도한 영향을 받는다. 이때는 오히려 공중으로 띄우는 편이 무난하다.

피칭이나 로브샷을 할 때는 그린에 너무 많이 굴리는 것이 문제가 된다. 이때는 스핀을 걸어서 볼에 브레이크를 준다.

최근에는 볼을 핀에 붙이기 쉽게 변형된 웨지도 시판되고 있다. 보통의 웨지(아이언)보다 두껍고 불룩한 캐비티백cavity back 스타일이다(사진 2). 이것은 두꺼운 부분으로 관성모멘트moment of inertia를 늘려서 잔디로 인한 불규칙한 힘의 영향을 줄인다.

그러나 이러한 웨지는 잔디와의 저항이 커 주의가 필요하다. 또한 스핀을 걸기도 쉽지 않다.

사진 1

캐비티백 아이언　　　　　　　보통의 아이언

비법의 정리

피칭과 치핑은 모두 볼을 그린에 굴리는 것이 기본이다. 굴러가는 편이 컵인이 될 확률이 높기 때문이다. 그린의 상태가 좋지 않으면 볼을 공중에 띄워 굴러가는 거리를 줄인다.

1-2 좋은 스탠스의 비법

▶ **비법의 기본**

피칭의 스탠스에 대해 알아보도록 하자.

볼의 위치는 양발의 한 가운데에서 약간 왼쪽으로 치우친 곳이다. 웨지의 솔 에지가 볼의 1~2cm 왼쪽에 닿도록 친다(그림 1). 이것은 볼의 윗부분을 쳐서 **톱볼**top ball이 나는 것을 방지하고, 볼의 오른쪽 잔디를 쳐서 **더프**duff가 나는 것을 피하기 위해서이다.

그림 1

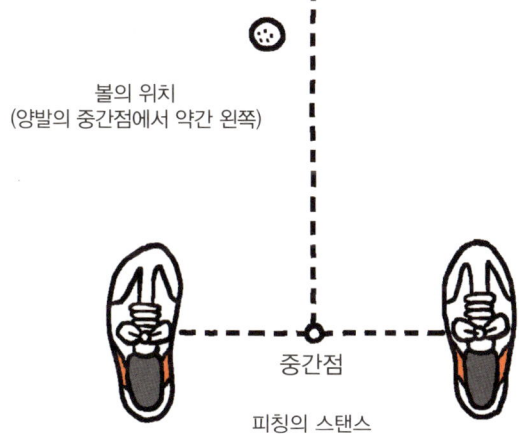

볼의 위치
(양발의 중간점에서 약간 왼쪽)

중간점

피칭의 스탠스

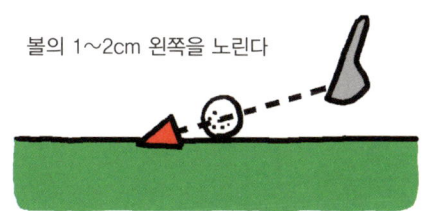

볼의 1~2cm 왼쪽을 노린다

치핑은 <u>핸드퍼스트</u>hand first가 기본 스탠스로(사진), 팔과 샤프트가 〉모양을 이룬다(그림 2). 치핑할 때는 양발을 가지런히 모은다. 그 상태에서 손목의 콕cock을 고정하고 몸으로 치는 방법과, 몸을 사용하지 않고 손목의 콕으로만 치는 방법이 있다.

사진 치핑의 스탠스

먼저 볼의 위치에 팔, 샤프트, 헤드를 맞춘 후, 그 상태에서 손(그립)을 왼쪽으로 가만히 옮겨간다. 이것이 핸드퍼스트다. 앞에서 보면 팔과 샤프트가 〉모양이 된다.

로브샷의 스탠스는 피칭과 거의 동일하지만, 페이스가 오픈된다. 처음에는 보통의 그립으로 잡고, 샤프트의 목표선이 똑바로 위를 향하도록 한다. 이어서 그립의 형태와 위치는 그대로 두고, 힘을 빼서 샤프트만 오른쪽으로 돌린다. 그러면 샤프트가 손 안에서 회전하고, 헤드가 보이는 면

제1장 어프로치의 비법

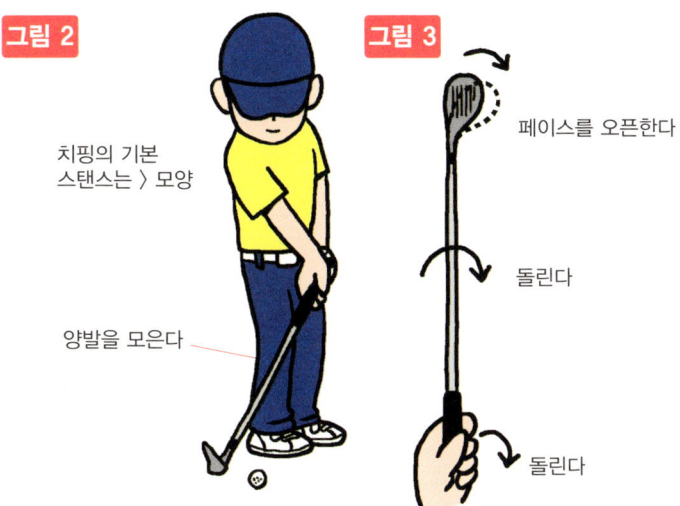

적이 넓어지며, 페이스의 에지가 오른쪽으로 돌게 된다(그림 3). 이제 적당한 위치에서 고정하고 그립을 강하게 잡는다. 스탠스를 취할 때는 **체중이동**도 중요하다. 볼을 약간 높이 띄우려면 오른쪽 발에 체중을 싣고, 반대로 볼을 높이 띄우지 않으려면 왼쪽 발에 체중을 싣는다.

▶ **비법의 설명**

피칭의 스탠스는 보통의 아이언샷과 같다. 다만, 볼의 1~2cm 왼쪽을 노려야 한다(21쪽의 그림 1). 볼의 왼쪽에서 **터프**를 떼는(지면을 파내는) 느낌으로 스탠스를 취한다.

이러한 스탠스에서는 볼은 위치가 중요하다. 원칙은 볼을 양발의 중앙에서 약간 왼쪽에 두는 것이다. 볼은 왼쪽에 두면 왼쪽 방향으로, 오른쪽에 두면 오른쪽 방향으로 날아가는 경향이 있다.

치핑은 핸드퍼스트가 기본이다. 이 상태에서 양발을 모으고, 손목의 콕을 고정하여 부드럽게 친다. 이렇게 치면 몸 전체가 진자처럼 움직이게 된다. 다만 임팩트 순간에는 허리를 약간 낮추어야 **톱볼**을 방지할 수 있다.

이러한 전형적인 치핑 스탠스로는 비거리가 짧아진다는 문제가 생긴다. 그러나 비거리를 늘리기 위해 스윙을 크게 해 버리면 모아 놓은 양발과 고정된 핸드퍼스트가 불안정해진다.

그래서 이럴 때는 양발을 모으는 스탠스가 아니라, 오히려 양발을 벌려서 몸을 안정시켜야 한다. 다만 이 경우에도 핸드퍼스트는 유지한다. 물론 중간의 러프가 길면 볼을 띄우는 거리도 길어지므로 핸드퍼스트를 유지하기 어렵다. 이때는 약간 오픈하는 느낌으로 친다.

▶ 비법의 과학

피칭을 할 때는 볼의 1~2cm 왼쪽을 노려서 스탠스를 취하고, 볼의 위치를 바꿔서 방향을 조절한다.

볼을 왼쪽에 치우치게 두면 임팩트가 늦고, 그만큼 페이스가 클로즈되어서 볼은 왼쪽으로 날아간다. 반대로 볼을 오른쪽에 치우치게 두면 임팩트가 빨라지고, 그만큼 페이스가 스퀘어되지 않고(페이스가 비구선 방향을 향하지 않음) 오픈된 상태에서 임팩트되기 때문에 볼은 오른쪽으로 날아간다(그림 4).

치핑할 때 손목을 고정하는 이유는 **진자 스윙**을 최대한 안정시키기 위해서이다. 따라서 손목뿐만 아니라 어깨와 팔꿈치도 고정하는 것이 좋다. 이런 식으로 관절을 고정시킨 로봇을 만들어 스윙 실험을 해 보았는데, 좋은 결과를 얻을 수 있었다.

어프로치의 비법 **제1장**

그림 4

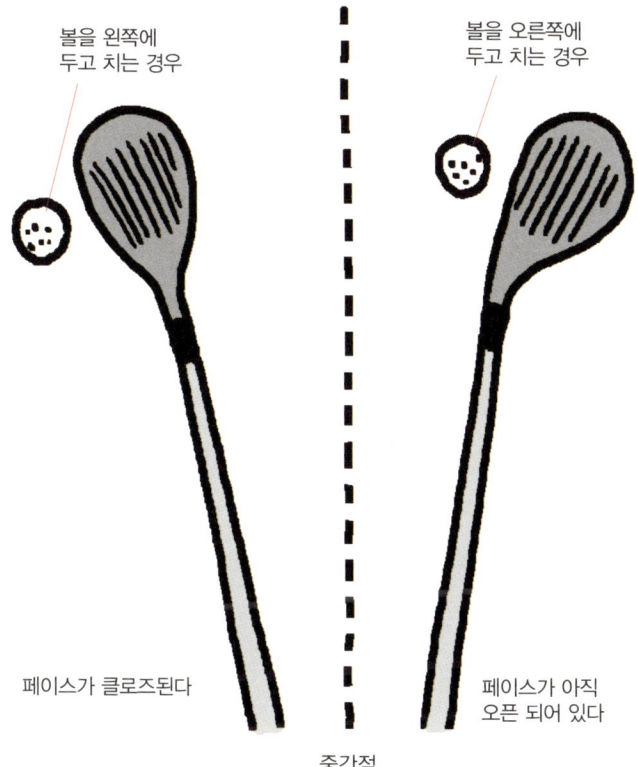

볼을 왼쪽에 두고 치는 경우 — 페이스가 클로즈된다

볼을 오른쪽에 두고 치는 경우 — 페이스가 아직 오픈 되어 있다

중간점

비법의 정리

피칭할 때는 양발의 중간점에서 약간 왼쪽에 볼을 두고, 볼의 1~2cm 왼쪽을 노려 친다. 치핑할 때는 손목, 어깨, 팔꿈치를 고정한다. 거리가 긴 치핑에는 양발을 모아서 치지 말고, 양발을 벌리고 30~90도만 들어 올리는 샷을 한다. 샤프트가 긴 웨지로 바꾸는 것도 중요하다.

1-3 좋은 스윙의 비법

▶ **비법의 기본**

피칭의 스윙은 제대로 된 백스윙으로 끝까지 휘둘러야 한다. 거리가 짧다고 해서 끝까지 휘두르지 않으면 볼이 충분히 뜨지 않고 방향도 휘어진다.

스윙할 때는 볼에서 1~2cm 왼쪽의 잔디를 파내듯이 노려 친다(그림 1). 즉, 스윙하는 도중에는 볼의 정점을 보지 말고 볼의 왼쪽 잔디를 봐야 한다. 그러면 톱볼이나 더프를 방지하고 백스핀을 효과적으로 줄 수 있다.

기본적으로 로브샷도 스윙의 방법은 같다. 다만, 페이스가 오픈되어 있어 볼이 오른쪽으로 향하기 쉬우므로 약간 왼쪽을 노린다.

치핑의 스윙은 양발을 모으고 손목과 팔을 고정한 후 진자운동을 하듯이 치는 것이다. 임팩트 순간에는 몸(허리)을 약간(아주 약간만) 낮추며 스윙한다.

거리감은 스윙의 크기(백스윙의 크기)로 구별하거나 샤프트의 길이로 조절한다.

그러나 손목을 고정시킨 타법(고정 콕)으로는 볼을 멈추는 듯한 스핀(백스핀)을 걸기 어렵다. 그래서 치핑과 같은 위치의 백스윙으로, 핸드퍼스트를 하지 않고 손목의 콕을 사용해서 샷을 한다. 이것은 깊은 러프에서 볼을 핀에 붙일 때도 효과적이다.

장거리 샷의 경우에 이 방법이 통하지 않으면, 양발을 벌리고 몸을 안정시켜서 한층 크게 백스윙을 한다.

러프 부분이 그린 부분보다 큰 경우에는 볼을 약간 높이 띄워야 한다. 이때는 핸드퍼스트의 정도를 너무 깊게 취하지 않은 채 스윙해야 한다. 임팩트 전에는 손목을 약간 꺾어서 친다.

어프로치의 비법 **제1장**

▶ 비법의 설명

피칭할 때 볼의 왼쪽을 겨냥해 치는 이유는 톱볼이나 더프를 방지하려는 목적도 있지만, 효과적으로 스핀을 걸기 위해서이기도 하다. 볼을 쳐 보면 당연히 볼의 왼쪽에 있는 잔디(터프)가 파인다. 프로급의 젊은 싱글이라면 손바닥만한 터프가 떨어져나와 깊은 디보트^{divot} (잔디나 지면이 파인 부분)가 만들어진다(그림 1).

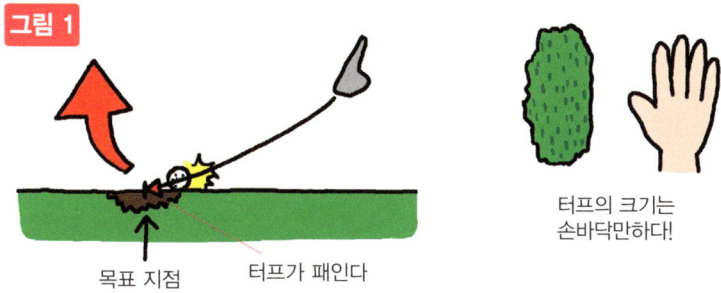

그림 1

목표 지점 / 터프가 패인다

터프의 크기는 손바닥만하다!

그러나 아마추어인 고령자나 여성이 이만한 크기의 터프를 파낼 정도면 손에 충격을 받아서 부상을 입기 쉽다. 따라서 각자 자신에게 적당한 크기의 터프, 디보트를 만드는 것이 좋다. 필자의 경우는 손바닥 크기의 4분의 1 정도가 적당한 듯하다.

치핑할 때 양발을 모으고 핸드퍼스트로 고정하는 이유는 어디까지나 '부드러운 진자 스윙'을 하기 위해서이다. 그러나 핸드퍼스트 때문에 로프트각이 작아져서 볼이 높이 뜨지 않는 것에도 주의해야 한다. 볼이 높이 뜨지 않으면 '볼을 굴리는 거리(런)'가 길어지게 된다.

따라서 앞에서도 설명했듯이, 러프 부분이 길어서 볼을 높이 띄워야 하는 경우에는 핸드퍼스트를 약간 풀거나 하지 말아야 한다(그림 2).

그림 2

러프 부분이 길면 중간에 볼이 멈출 수 있으므로
띄워야 하는 거리가 길어지면 핸드퍼스트를 약간 푼다

▶ 비법의 과학

　볼보다 앞쪽을 치는 것은 고급 테크닉처럼 생각되곤 하지만, 사실은 너무 당연한 타법이다. 그림 3처럼 볼의 왼쪽에 있는 잔디를 노려서 치는 경우에는 헤드가 볼의 오른쪽 아랫 부분으로 미끄러져 들어간다.

　이때 볼에는 두 가지 힘이 실린다. 하나는 페이스에 수직으로 작용하는 항력이다. 항력에 의해 볼은 페이스와 수직으로 날아간다.

　하지만 그림 3에서 알 수 있듯이 볼이 페이스의 위에서 미끄러지기 때문에, 마찰로 인해 오른쪽 스핀이 걸린다. 이 회전이 백스핀이며, 볼을 되돌아오게 하는 회전력이다. 이러한 스핀으로 인한 마찰저항은 그림 3처럼 헤드가 움직이는 방향과 페이스가 향하는 방향의 차이로 결정된다.

어프로치의 비법 | 제1장

그림 3

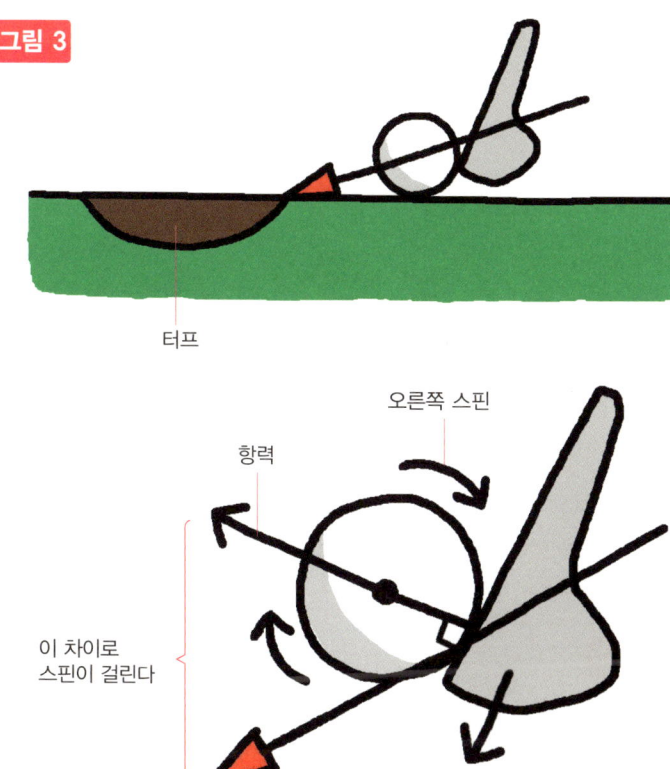

터프

오른쪽 스핀
항력
이 차이로 스핀이 걸린다
헤드의 궤도
저항력

비법의 정리

피칭할 때는 양발의 중간점에서 약간 왼쪽에 볼을 두고, 볼의 1~2cm 왼쪽을 노려 친다. 치핑할 때 볼을 굴려야 한다면 핸드퍼스트를 취하고, 볼을 띄워야 한다면 핸드퍼스트를 약간 풀거나 하지 말아야 한다.

1-4 깊은 러프나 부드러운 지면에서의 스윙 비법

▶ 비법의 기본

볼이 반 이상 풀에 묻혀 있을 경우에 통상적인 원형 스윙을 하면, 헤드의 에너지가 풀에 가로막혀서 볼이 잘 날아가지 않는다. 마찬가지로 큰 비가 내린 후나 풀 아래에 모래가 깔려 있는 경우 등 지면이 부드러울 때도 헤드의 에너지가 볼에 잘 전달되지 않는다.

이때는 통상적인 원형 궤도의 스윙이 아니라 V자형 스윙을 해야 한다. 비스듬히 직선으로 내려치는 것이다(그림 1). 부드러운 지면을 V자형으로 내려칠 때 흙이 주위에 흩뿌려지지만, 신경 쓸 필요 없다.

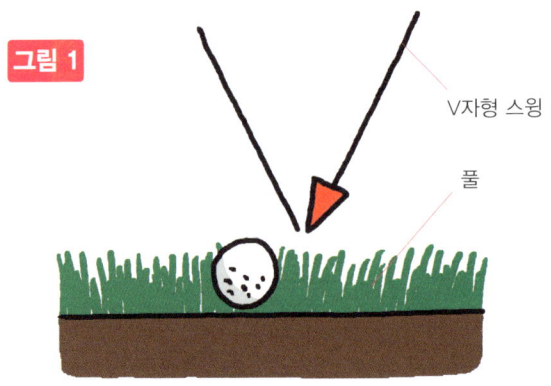

그림 1
V자형 스윙
풀

풀이나 부드러운 지면에 에너지를 빼앗기기 싫어서 페이스를 오픈하고 퍼올리려는 경우도 있는데 꼭 피해야 할 행동이다. 헤드가 볼 밑으로 파고들어 빗맞을 확률이 크기 때문이다(그림 2).

어프로치의 비법 | 제1장

그림 2

풀

페이스가 수평으로 지나가서 볼을 제대로 치지 못한다

▶ **비법의 설명**

V자형 스윙으로 내려치면 풀과 지면에 에너지를 빼앗기지 않는다. 특히 그림 1처럼 비스듬하게 페이스를 넣으면 풀과 지면의 영향을 거의 받지 않고 볼을 날릴 수 있다.

그러나 이러한 스윙은 자칫하면 볼의 뒤쪽(오른쪽)으로 치우쳐 더프가 날 수도 있다. 반대로 볼의 앞쪽으로 치우치면 톱볼이 되어버린다.

▶ **비법의 과학**

보통의 원형 스윙은 U자형에 가깝다. 그래서 여기에서는 U자형 스윙이 아니라 V자형 스윙을 하라고 말하는 것이다.

U자형 스윙이 V자형 스윙보다 얼마나 더 풀과 접촉하는지를 실제로 계산해 보자. 반지름이 r인 원이 U자형 스윙의 궤도라고 하자(그림 3).

27

그림 3

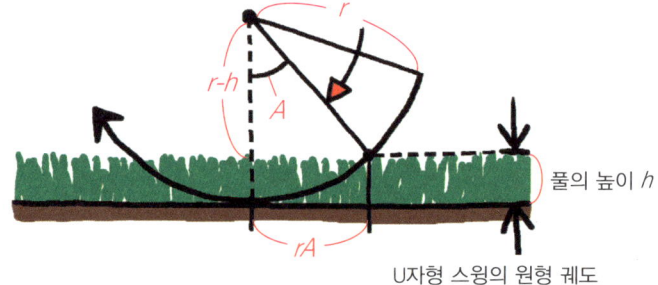

풀의 높이 h
U자형 스윙의 원형 궤도

풀의 높이를 볼의 위치와 같은 h라고 보면, 원형 궤도 내에서 풀에 접촉하는 부분의 각도 A는 다음과 같다(그림 3).

$$\cos A = \frac{r-h}{r}$$

각도 A(라디안, radian)를 알면 헤드가 풀을 지나가는 거리 R을 계산할 수 있다.

$$R = rA$$

비법의 정리

깊은 러프나 부드러운 지면에서 볼을 핀에 붙일 때는 V자형 스윙으로 친다.

1-5 섕크를 내지 않는 궁극의 비법 ①

▶ 비법의 기본

아이언이나 웨지를 사용해서 핀을 노려 칠 때 볼이 의외의 방향으로 날아가는 경우가 있다. 대부분 오른쪽 아래 방향으로 날아간다(그림 1).

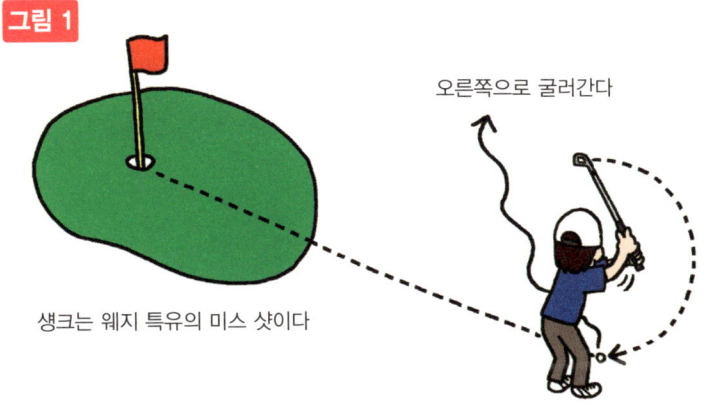

그림 1

오른쪽으로 굴러간다

섕크는 웨지 특유의 미스 샷이다

볼이 날아가기만 하면 그나마 다행이다. 기세 좋게 오른쪽 아래로 굴러가기도 한다. 이것이 아이언이나 웨지 특유의 미스 샷인 섕크다. 섕크는 전혀 의도하지 않은 '우발 사건'이므로 골퍼에게 큰 충격을 준다.

그럼 섕크란 대체 무엇일까?

섕크란 원래 샤프트와 헤드의 이음매 부분을 가리키는 말이다. '섕크가 났다.'라는 말은 볼이 섕크에 맞아서 엉뚱한 방향으로 날아갔다는 뜻이다. 따라서 '섕크가 났다.'라는 말보다 '**섕크에 맞았다.**'라는 말이 정확한 표현이다. 더 자세히 설명하면, 볼이 일단 페이스에 맞았다가 아주 짧은 순간 섕크 방향으로 휘어서 섕크에 맞는 것이다(그림 2).

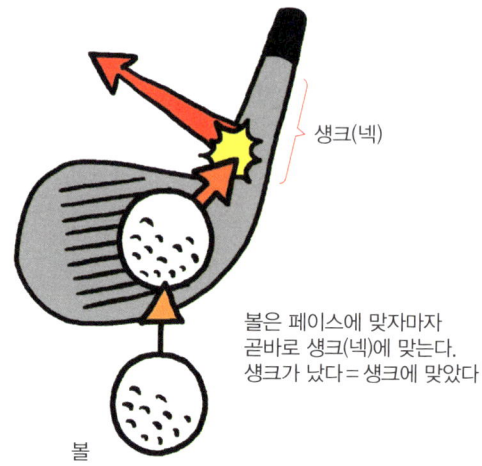

볼은 페이스에 맞자마자 곧바로 섕크(넥)에 맞는다.
섕크가 났다 = 섕크에 맞았다

우드로 칠 때는 섕크가 나지 않는다. 왜냐하면 우드의 이음매 구조가 아이언이나 웨지와 달리 볼에 맞지 않는 구조이기 때문이다(사진).

사진 우드와 아이언의 이음매 구조

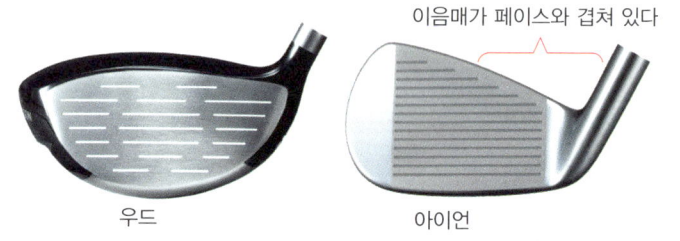

사진 제공 : SRI스포츠

섕크가 나지 않는 타법을 익히려면 이러한 섕크가 발생하는 원리를 확실히 이해해야 한다.

▶ **비법의 설명**

누구나 페이스의 한가운데에 볼을 맞히려고 하지, 일부러 섕크에 맞히려는 사람은 없다. 따라서 섕크가 날 때도 처음에는 볼이 페이스에 맞긴 했지만, 그 후에 잘못되는 셈이다.

볼은 페이스에서 약간 미끄러져 페이스 안쪽으로 튀면서, 섕크에 맞아 버린다. 볼이 페이스에서 미끄러지지 않더라도 임팩트 순간에 팽창한 볼의 표면이 섕크에 닿는 경우도 있다(그림 3).

그림 3

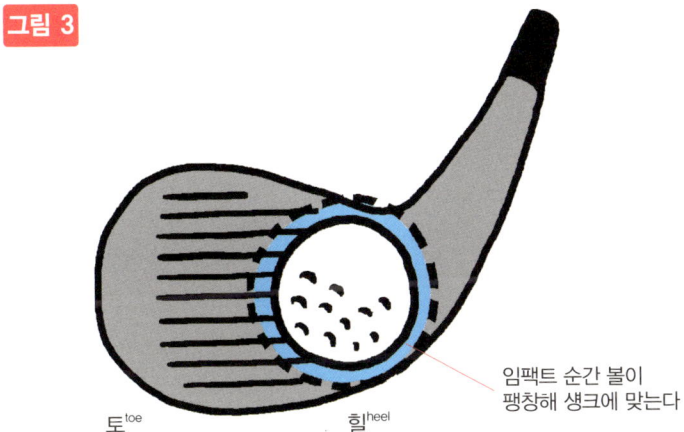

토 toe 힐 heel

임팩트 순간 볼이 팽창해 섕크에 맞는다

어떤 타법을 쓰더라도 임팩트 순간에는 볼이 페이스 위에서 미끄러지거나 부풀게 된다. 그렇다면 섕크는 필연적인 현상인 걸까?

아니다. 꼭 그렇지만은 않다. 요컨대 '볼이 미끄러지더라도 섕크로 튀지 않는 타법', '볼이 팽창해도 섕크에 맞지 않는 타법'이 있다.

▶ 비법의 과학

'아마추어보다 베테랑이 섕크를 더 많이 낸다.'라는 전설적인 격언이 있다. 이것은 경험 많은 골퍼일수록 강하게 임팩트할 수 있게 되기 때문에 볼이 미끄러지기 쉬워지고 섕크도 더 자주 나온다는 의미이다. 그렇다면, 섕크를 내기 싫으면 베테랑이 되지 말아야 한다는 것인가! 하지만 여기에는 숨은 의미가 있다.

사실 경험이 쌓일수록 아이언이나 웨지의 스위트 스폿sweet spot(페이스면의 중심 위치)이 페이스의 정중앙이 아니라 약간 안쪽(힐)에 있다는 사실을 무의식적으로 느끼게 되고, 저도 모르게 볼을 페이스의 힐 쪽으로 치게 된다(그림 3).

페이스의 힐 쪽이란 결국 '섕크 쪽'을 의미한다. 그러므로 경험이 쌓일수록 볼이 섕크에 맞기가 더 쉬워지는 것이다.

비법의 정리

섕크를 피하고 싶다면 섕크가 발생하는 원리를 이해하라.

1-6 섕크를 내지 않는 궁극의 비법 ②

▶ **비법의 기본**

섕크가 발생하는 원리를 이해했다면 섕크를 피하는 대책도 자연스럽게 알게 되었을 것이다. 즉 '섕크 가까이에서 임팩트하지 말 것', '임팩트 후 볼이 넥 방향으로 가지 못하게 할 것'이다. 따라서 가장 먼저 생각할 것은 힐 쪽으로 임팩트하지 않는 일이다(그림 1).

그림 1

토 　　　　　 힐
○ 　　　　　 ×
볼이 맞는 부분　섕크가 나기 쉬운 위치

섕크가 가장 나오기 쉬운 곳은 **내리막 경사면**이다. 그림 2처럼 전방 내리막 경사면에서는 스윙 자세가 불안정하고 앞쪽으로 쏠리기 마련이다. 그러면 페이스가 먼저 나와버려, 볼은 거꾸로 페이스의 힐 쪽에 맞게 된다.

그림 2

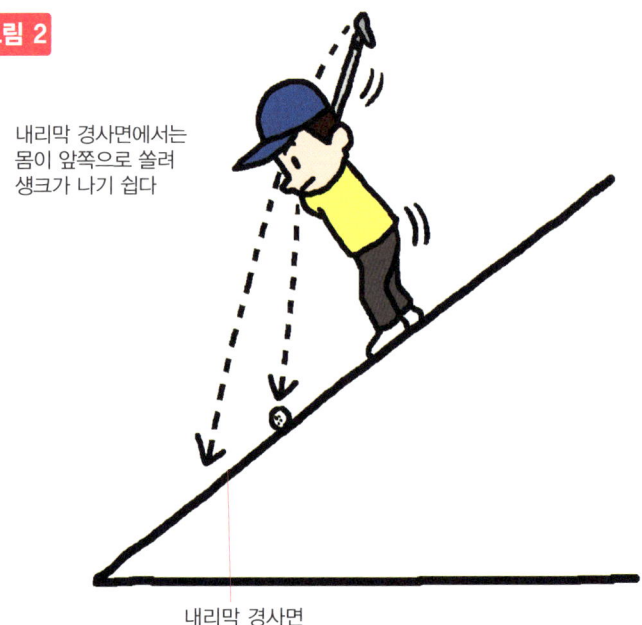

내리막 경사면에서는 몸이 앞쪽으로 쏠려 섕크가 나기 쉽다

내리막 경사면

그래서 내리막 경사면에서는 볼이 페이스의 한가운데보다 바깥쪽, 즉 **토 쪽에 맞도록 스탠스**를 취한다(그림 1). 또한, 스윙할 때는 힘껏 휘두르지 말고 하프스윙을 한다.

▶ 비법의 설명

이 타법은 경험이 많아야만 가능하다. 1-5에서도 설명했듯이 경험이 쌓일수록 아이언이나 웨지의 중심인 스위트 스폿이 힐 쪽에 있다는 사실을 본능적으로 이해한다. 그 때문에 경험 많은 골퍼는 볼을 힐 쪽으로 임팩트하려고 하는 것이다.

따라서 섕크를 줄이는 방법은 단순 명쾌하다. 볼을 힐 쪽이 아닌 토 쪽으로 치는 것이다.

이 방법이 위력을 발휘하는 것이 바로 앞에서 설명한 토 쪽 스탠스이다. 이 타법은 특히 전방 내리막에서 효과적이지만, 왼발 내리막에서도 효과가 높다.

다만, 이렇게 스위트 스폿에서 벗어나 토 쪽으로 임팩트하면 비거리가 짧아지고 방향이 다소 어긋날 수 있다는 것을 각오해야 한다. 원래 이 타법은 하프스윙에 가까운 약한 스윙이기 때문에 비거리를 기대하기 어렵다.

▶ 비법의 과학

내리막 경사면에서는 그냥 서 있기만 해도 몸이 앞으로 쏠리기 마련이다. 그런데 무리해서 백스윙에 팔로스윙까지 하게 되니까, 몸이 더욱 앞으로 쏠리고 헤드가 앞으로 튀어나가게 된다. 헤드가 앞으로 튀어나가면 볼은 페이스의 힐 쪽에 맞게 되고, 이래서는 생크가 날 수밖에 없다.

이러한 원리는 사실 왼발 내리막 경사면에도 적용된다. 왼발 내리막 경사면에서는 헤드가 지면에 먼저 닿기 때문에, 볼 안쪽을 치게 되고 더프가 나기 쉽다(그림 3).

그래서 볼을 양발의 중간에 놓아 헤드가 지면에 먼저 닿는 위치로 볼을 이동시킨다. 이렇게 해도 임팩트할 때는 아직 페이스가 오픈되어 있다. 다시 말해, 페이스가 오른쪽을 향하고 있는 것이다(그림 4). 페이스가 오른쪽을 향하면 그만큼 볼은 생크에 가까워진다(그림 5). 이 점에 관해서는 1-7에서 자세히 알아보도록 하자.

그림 3

왼발 내리막 경사면에서
몸은 오른쪽으로 기울게 된다.
따라서 헤드가 지면의 오른쪽을
치게 되어 더프가 나기 쉽다

왼발 내리막 경사면

페이스가 오픈되어 있다.
(페이스가 오른쪽을 향함)

그림 4

왼발 내리막 경사면에서는
페이스가 오픈된 상태로
임팩트되기 쉽다

어프로치의 비법 | 제1장

그림 5

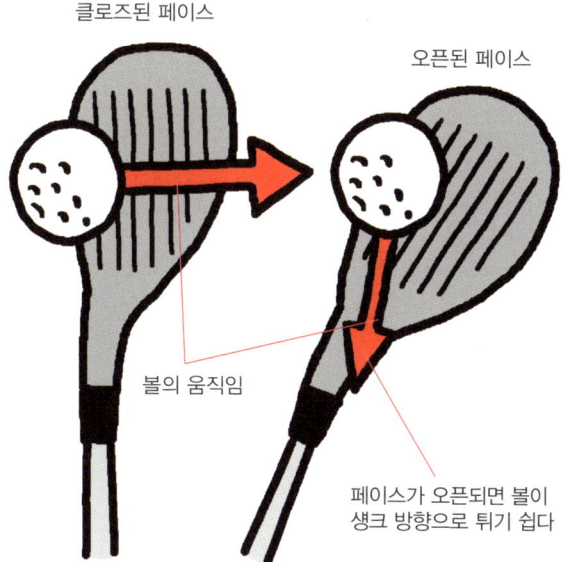

클로즈된 페이스

오픈된 페이스

볼의 움직임

페이스가 오픈되면 볼이 생크 방향으로 튀기 쉽다

비법의 정리

　내리막 경사면에서는 몸이 앞으로 쏠린다는 것을 고려해 볼을 토 쪽에 두고 스탠스를 취한다. 그리고 하프스윙으로 생크를 방지한다. 왼발 내리막 경사면에서는 헤드가 지면에 먼저 닿기 때문에 볼을 양발의 한가운데에 둔다.

1-7 섕크를 내지 않는 궁극의 비법 ③

▶ **비법의 기본**

골프 해설서, 골프 잡지, 프로의 레슨에서도 섕크를 치지 않는 방법에 관해 자주 설명한다.

필자가 이전에 섕크로 고민하고 있을 때 한 잡지에서 '프로의 레슨을 받는 오츠키 교수'라는 기사를 기획했다. 그때 레슨을 해 준 유명한 프로 골퍼는 필자의 스윙을 보고 대뜸 이렇게 말했다.

"간단합니다. 페이스를 클로즈해서 치면 됩니다."

그 말대로 하자 확실히 그때는 섕크가 없어졌다. 하지만 그로부터 일주일 후, 다시 섕크가 나타났다. 게다가 출현 빈도가 이전보다 더 늘어나 섕크의 연속이었다.

그때 마침 한 주간지에 '섕크를 극복하는 세 가지 방법'이라는 특집 기사가 실렸다. 필자는 곧바로 달려들어 읽었다. 그것도 나름대로 효과가 있었다. 그러나 일주일이 지나자 다시 섕크의 연속으로 복귀했다.

그래서 필자는 섕크를 완벽히 극복할 수 있는 방법을 고민했다. 그 방법은 다음과 같다. '그립을 아래로 이동하고, 헤드의 끝 부분 즉 토 쪽을 들어올리는 듯한 스탠스로 친다.'(그림 1)는 것이다. 이렇게 하면 페이스의 스코어라인(수평의 평행선)은 수평이 되지 않고 토 쪽이 올라간다.

어프로치의 비법

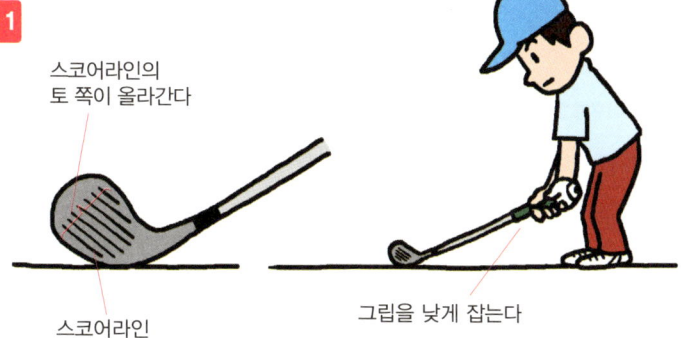

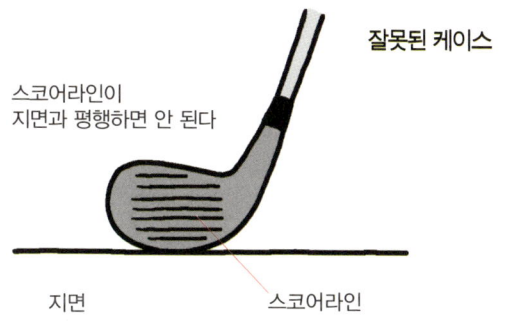

▶ **비법의 설명**

토 쪽이 올라가면 왜 섕크가 나지 않을까?

그 이유는 다음과 같다. 볼이 페이스에서 미끄러지는 방향은 헤드가 임팩트 순간에 운동하는 방향이다. 보통 이 운동 방향은 바로 위에서 아래로 향하는 수직 방향이다. 즉 볼은 수직으로 위를 향해 미끄러진다.

따라서 섕크가 수직선 위쪽에 위치하지 않으면 볼이 섕크에 맞을 리 없다. 물론 구조상 섕크는 수직선 바로 위가 아니라 비스듬한 위치에 있다. 그래서 문제가 생긴다. 섕크가 비스듬히 있기 때문에 볼이 수직 방향으로 미끄러질 때 섕크에 맞거나 스친다.

그러므로 스탠스를 취할 때 섕크가 최대한 아래로 가도록 과감히 기울이면 미끄러진 볼은 넥으로 가지 않는다(그림 2, 그림 3). 이렇게 하면 대부분의 섕크를 방지할 수 있다.

▶ **비법의 과학**

지금까지 기술한 내용은 말로만 설명하자면 다소 복잡하다. 그래서 페이스와 볼의 위치를 그린 그림 2, 그림 3을 통해 생각해 보겠다.

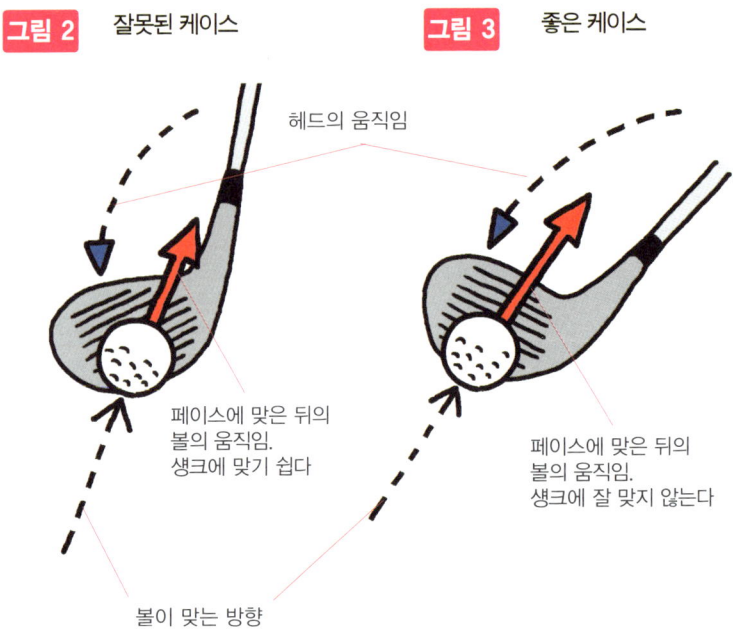

그림 2 잘못된 케이스

그림 3 좋은 케이스

헤드의 움직임

페이스에 맞은 뒤의 볼의 움직임. 섕크에 맞기 쉽다

볼이 맞는 방향

페이스에 맞은 뒤의 볼의 움직임. 섕크에 잘 맞지 않는다

볼은 그림 2, 그림 3의 점선을 따라 페이스에 가까워진다. 볼은 페이스에 닿는 순간 항력을 받고, 다시 저항력을 받는다. 저항력은 페이스의 수직

방향으로 발생한다. 그러므로 이 방향에 생크가 없으면 되는 것이다. 그림 1 처럼 그립이 아래쪽에 있고, 생크가 수직선상에 있지 않으면(그림 2, 그림 3) 그만이다. 즉, 스코어라인의 토 쪽이 위를 향하도록 하면 넥은 수직선 위에서 벗어난다. 따라서 생크에 볼이 맞지 않게 되는 것이다.

> **비법의 정리**
>
> 그립을 과감히 낮춘다. 페이스의 스코어라인이 지면과 수평이 되지 않도록, 토 쪽이 위를 향하게 한다. 이렇게 하면 볼이 넥에 맞지 않아 생크가 나지 않는다. 전방 내리막이나 왼발 내리막 경사 모두 똑같이 그립을 아래로 잡는다.

제 1 장 참고

1 핸드퍼스트 타법의 유효성

핸드퍼스트 치핑이 효과적이라는 사실을 실험으로 확인해 보자. 그린 에지에서 컵까지의 거리가 11.7m, 프린지 부분이 1.3m였다. 핸드퍼스트로 샷을 한 경우를 HF, 양발을 벌리고 그립을 중앙에 두고 샷을 한 경우를 NHF라고 표시한다.

각각 50타씩, 합계 100타를 친 후 컵까지의 거리 r을 측정해 평균을 냈다.

표. 핸드퍼스트와 일반 스탠스의 비교

	HF	NHF
r의 평균	44cm	51cm

 핸드퍼스트 타법으로 쳤을 때가 컵에 7cm나 더 가깝다. 이로써 핸드퍼스트 타법이 효과적이라는 사실은 확실해졌다.

2 V자형 스윙의 유효성

 깊은 러프에서 정확한 샷을 하기는 어렵다. 이때는 V자형 스윙이 효과적이라는 사실을 실험으로 확인했다. 홀로부터 100야드 떨어진 곳에서 어프로치 샌드웨지로 핀을 노렸다. 잔디의 깊이는 볼이 완전히 묻힐 정도였고, 심지어 아침 이슬이 맺혀 있었다.

 1과 마찬가지로 합계 100타를 실험해서 표준편차 평균을 구했다. 컵으로부터의 평균 거리를 r로 한 결과는 다음과 같다.

표. U자형 스윙과 V자형 스윙 비교

	U자형 스윙	V자형 스윙
r의 평균	36야드	8야드

 V자형 스윙이 컵에 28야드나 더 가까웠다. 이로써 깊은 러프에서는 V자형 스윙이 훨씬 유용한 타법임을 알 수 있다.

2-1 가드 벙커에서 핀을 노리는 비법

▶ 비법의 기본

벙커bunker에는 크게 두 종류가 있다(그림 1).

하나는 그린 주변에 있는 벙커로, 가드 벙커guard bunker라고 한다. 그린 쪽의 턱(모래 면의 깊이)이 높은 것이다. 다른 하나는 페어웨이fairway 중간에 있는 벙커로, 페어웨이 벙커fairway bunker라고 한다. 이것은 턱이 낮다.

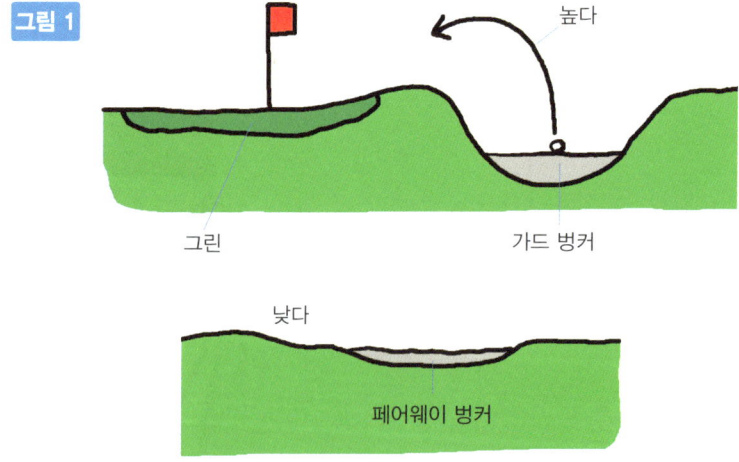

그림 1

모든 벙커의 모래 면에서는 헤드의 에너지가 빼앗기기 때문에 보통의 U자형(원형 궤도) 스윙은 적합하지 않다. 깊은 러프에서 실시하는 1-4의 샷처럼 V자형 스윙을 해야 한다.

가드 벙커에서 볼을 띄우는 높이는 페이스의 오픈 정도와 힘을 적절히 조합해서 조절한다. 거리감은 볼 뒤쪽의 헤드 접지점으로 조절한다.

다시 말해, 비교적 거리가 있는 경우에는 볼의 오른쪽 가운데를 스치듯이 치고, 거리가 짧은 경우에는 볼의 뒤쪽 2~10cm에 있는 모래를 친다. 이때 양발의 한가운데에 볼을 두고, 양발은 모래 위에서 안정이 되도록 발목을 비틀어 모래에 묻는다.

벙커 탈출용 샌드웨지에는 두 가지 특징이 있다. 첫째는 로프트각이 크다는 점이다. 둘째는 솔이 커서 바운스각 bounce angle이 생긴다는 점이다(그림 2).

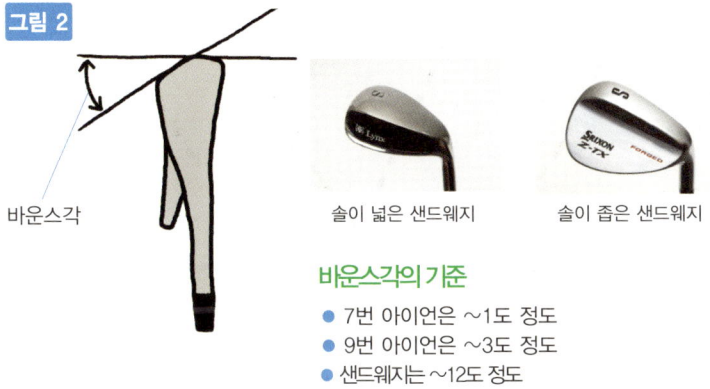

그림 2

바운스각 / 솔이 넓은 샌드웨지 / 솔이 좁은 샌드웨지

바운스각의 기준
- 7번 아이언은 ~1도 정도
- 9번 아이언은 ~3도 정도
- 샌드웨지는 ~12도 정도

또한, 로프트각을 키워 볼을 높이 띄우기 위해서는 페이스를 오픈해야 한다. 이것은 1-1에서 설명한 로브샷의 경우와 같다. 페이스를 오픈한 경우에는 볼이 오른쪽으로 날아가기 때문에 양발을 약간 왼쪽으로 향하게 한다.

벙커 탈출에서 가장 절망적인 상황은 볼이 벙커의 가장자리에 걸려서 떨어지는 경우다(그림 3). 이때도 V자형 스윙 이외에는 방법이 없다(그림 4). 모래 면의 경사에 최대한 수직이 되도록 서고 V자형 스윙으로 볼을 친다. 그 반동으로 몸이 오른쪽으로 쓰러질 만큼 강하게 쳐야 한다.

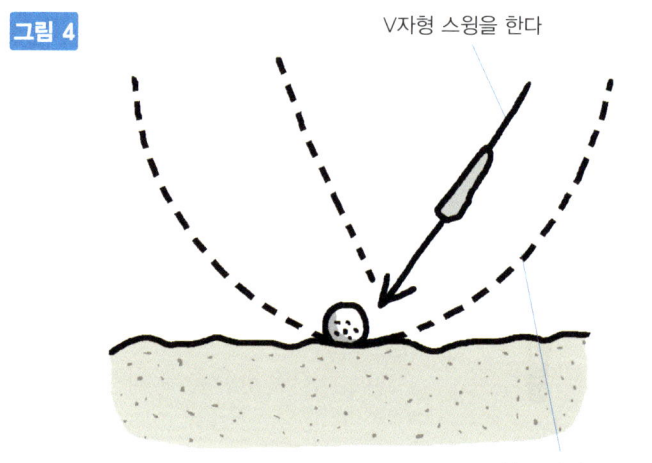

▶ **비법의 설명**

일반적인 코스에서는 벙커의 경계가 그린으로부터 1~5야드 떨어진 곳에 있다. 매우 가까운 거리이다. 따라서 벙커에서 볼을 쳐내는 거리 역시 매우 짧다. 그러므로 헤드를 내려치는 위치와 볼 사이의 거리는 비교적 길게 확보해야 한다. 젊고 힘이 좋은 사람이라면 그 거리는 10cm까지도 괜찮다. 하지만 아마추어 골퍼나 시니어 골퍼라면 내려치는 힘이 약하기 때문에 조금 더 가까이에서 쳐야 한다(그림 5). 일반적으로 3cm가 좋다.

그림 5

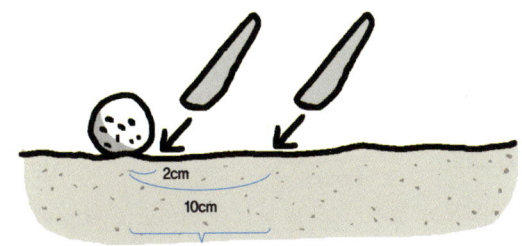

볼을 멀리 보내고 싶으면 짧게,
멀리 보낼 필요가 없으면 길게 바꾼다

일단 이 3cm 지점을 기준으로 삼는다. 그리고 컵과의 거리를 고려해서 볼을 멀리 보내고 싶으면 짧게, 멀리 보내고 싶지 않으면 볼과 헤드의 거리를 길게 조절한다. 이때 컵과의 거리가 매우 짧다고 해서 힘이나 스윙 폭을 줄여서는 안 된다. 반드시 볼 뒤쪽의 모래를 확실히 퍼올려야 한다.

벙커의 모래 면은 부드럽기 때문에 아무 준비 없이 그 위에 서면 다리가 흔들린다. 따라서 발목을 좌우로 비틀어서 모래 안에 신발을 묻어야 한다(그림 6). 그러면 어느 정도 딱딱한 지면에 발이 닿을 것이다. 그곳에 양발을 고정한다.

그림 6

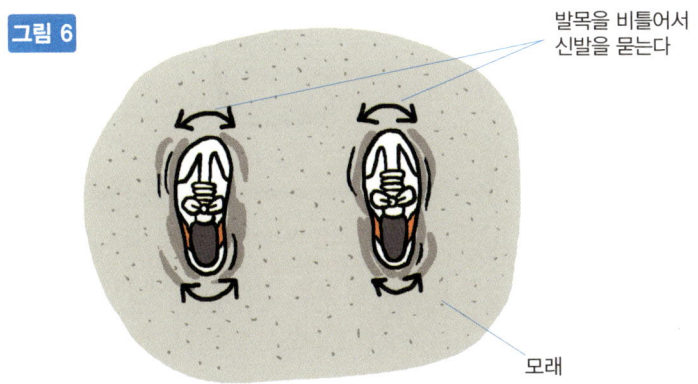

발목을 비틀어서
신발을 묻는다

모래

페이스가 오픈되면 그만큼 왼쪽으로 향해야 하는데, 그 방향의 각도는 페이스의 기울기와 같거나 그보다 조금 크게 해야 한다.

▶ 비법의 과학

V자형 스윙으로 벙커 탈출을 하기 위해서는 볼과 함께 모래를 퍼올려야 한다. 오히려 모래가 날아가는 힘으로 볼을 날린다고 생각하는 편이 좋다. 그러므로 벙커의 모래로 앞쪽의 그린을 지저분하게 만들겠다는 기세로 있는 힘껏 쳐내자.

원래 벙커에서 빠져나올 때는 페이스가 볼에 직접 닿지 않는다. 그럼에도 불구하고 볼은 항력을 받아 비스듬히 위로 날아오른다. 이것은 모래가 날아오를 때의 에너지에 의해 힘을 받았기 때문이다.

그러면 왜 모래가 날아오르는 힘을 갖게 되는 것일까? 이 현상에는 바운스 효과가 중요하게 작용한다. 바운스 효과는 2-2에서 설명하겠다.

비법의 정리

볼이 가드 벙커에 떨어졌을 때는 V자형 스윙을 한다. 모래층이 단단한 부분에 닿을 때까지 발을 묻고 고정시킨다. 그리고 볼의 앞쪽 모래를 겨냥해 비스듬한 각도로 모래에 닿을 때까지 힘껏 스윙한다.

2-2 샌드웨지의 특성을 살리는 비법

▶ 비법의 기본

앞에서도 설명했듯이, 깊이가 깊은 벙커에서 탈출하려면 샌드웨지를 사용해야 한다. 샌드웨지는 로프트각이 클 뿐만 아니라 헤드의 바닥(솔) 면적도 크다. 또한, 솔의 끝이 올라가 있다(이것이 바운스각을 만든다). 이 바운스각은 10~14도로 비교적 크다. 한편, 샌드웨지에서 솔이 큰 것을 바운스라고 하는 사람이 있지만, 이는 잘못된 표현이다.

바운스각이 크거나 솔 면적이 넓으면 모래를 칠 때의 저항도 커진다. 힘이 약한 아마추어는 헤드가 모래 면에 닿을 때 그 반동으로 밀리기도 한다. 특히 거친 모래(모래알이 굵고 불순물이 부착되어 있어서 딱딱함)에서는 시니어와 여성 골퍼의 주의가 필요하다. 힘이 약한 골퍼는 오히려 솔이 크지 않고 바운스각 10도 정도의 작은 클럽을 사용하는 것이 낫다.

하지만 곱고 가벼운 모래 벙커에서는 솔 면적과 바운스각이 큰 클럽을 사용하는 것이 좋다.

▶ 비법의 설명

솔 면적과 바운스각이 커도 힘이 부족하면 모래에 파고들지 못해서 반동을 받게 된다. 그러나 있는 힘껏 쳐올리면 모래의 반발력이 강해져서 모래가 대량으로 날아가게 된다. 이 모래가 날아가는 힘으로 볼도 함께 떠오른다.

단단한 모래에서는 솔 면적과 바운스각이 큰 샌드웨지를 사용하지 않는다. 이것은 샌드웨지로 치핑이나 피칭을 할 때도 마찬가지로, 페어웨이나 러프, 칼라는 지면이 단단하기 때문이다.

즉, 지금 유행하는 솔 면적과 바운스각이 큰 샌드웨지는 사용할 수 있는 상황이 한정되어 있다. 모래가 가볍고 부드러운 경우에만 사용할 수 있는 것이다. 따라서 일반적인 아마추어는 솔의 폭이 그다지 넓지 않고 바운스각이 작은 샌드웨지를 사용하는 편이 좋다.

특히 페어웨이 벙커에서 탈출하는 경우, 솔 면적과 바운스각이 큰 샌드웨지는 적합하지 않다. 아마추어는 비거리가 전혀 나오지 않기 때문이다.

▶ 비법의 과학

그림 1처럼 바운스각이 13도인 경우에는 솔의 면과 수직선을 이루는 각도 13도이다. 따라서 V자형 스윙으로 수직선에 대해 13도로 내려치면, 솔의 면은 지면(모래 면)과 평행한 상태로 접촉하게 된다. 이 상태에서 솔 면적은 커도 힘이 부족하다면 헤드는 모래에 거의 파고 들어가지 않는다.

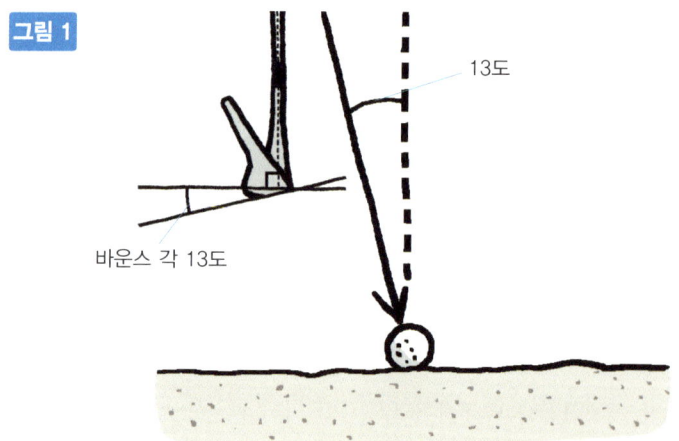

그림 1

바운스 각 13도

13도

하지만 실제로는 13도로 V자형 스윙을 하는 사람은 없다. 타법이나 키에 따라 다르겠지만, 내려치는 각도는 수직선에 대해 35~55도 정도이다.

따라서 솔의 면은 모래에 비스듬히 진입하게 된다.

이처럼 비스듬히 들어간 솔의 면에 의해 압력을 받은 모래는 같은 방향, 즉 비스듬히 아래로(그림 2) 움직인다.

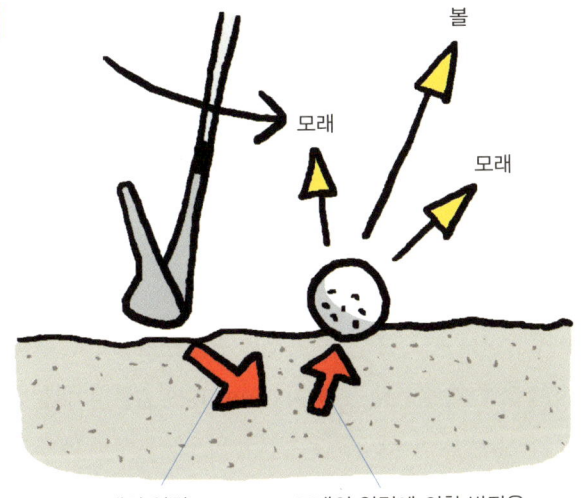

그림 2

그러나 이러한 모래의 움직임은, 그 아래에 있는 모래 혹은 흙에 힘을 가하고, 그 힘의 반작용으로 비스듬히 위로 움직인다. 이것이 볼 아래의 모래를 비스듬히 날리는 힘이 된다.

비법의 정리

거친 모래에서 아마추어는 솔 면적이 작고 바운스각도 그다지 크지 않은 샌드웨지를 선택하는 것이 좋다.

2-3 비가 온 후나 단단한 벙커 탈출 비법

▶ **비법의 기본**

비가 온 뒤 벙커에 물웅덩이가 생겼을 때(그림 1)는 구제 조치로 볼을 옮길 수 있다. 하지만 비가 오더라도 물이 고이지 않으면, 빗물에 뭉쳐서 무거워지고 저항이 늘어난 모래에서 쳐야 한다. 이때 솔 면과 바운스각이 큰 샌드웨지는 적합하지 않다. 헤드가 모래 면에서 튕겨져나오기 때문이다.

그림 1

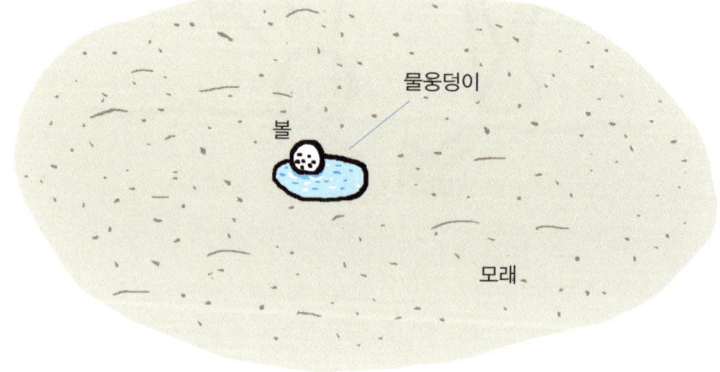

이러한 경우에는 솔 면과 바운스각이 작은 샌드웨지를 사용하고 V자형 스윙의 각도(수직선을 이루는 각)를 줄여서 볼 근처를 쳐야 한다. 볼 근처를 치면 볼이 잘 날아가기 때문에 힘은 약간 줄인다.

때로는 비가 오지 않아도 단단한 벙커가 있다. 이것은 코스 관리가 제대로 되지 않은 경우라고 할 수 있다. 밤에 비가 왔는데 다음 날 아침에 미처 조치를 취하지 못한 경우도 있다.

이러한 경우에 벙커는 모래라기보다 진흙에 가까울 만큼 뭉쳐 있어, 이 상태에서는 솔 면이 큰 웨지로는 탈출할 수 없다. 이때는 솔 면이 작은 웨지로 V자형 스윙을 하는데, 각도를 훨씬 줄여서 친다. 아니면 로브샷으로 탈출하는 방법도 있다(그림 2).

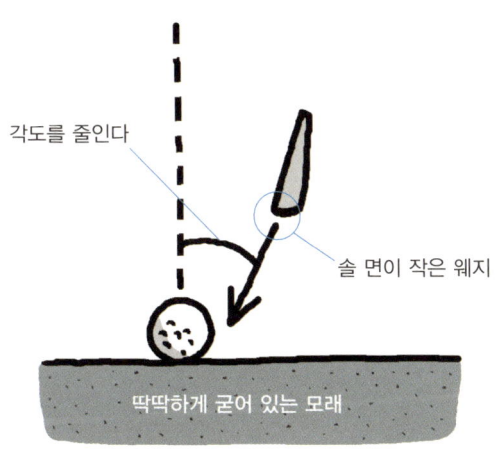

로브샷 느낌으로 친다

▶ 비법의 설명

　물을 흠뻑 머금은 모래는 상당히 무겁다. 이때 모래의 무게는 50% 이상 증가하는데 이 상태에서 솔 면이 큰 웨지로 치면 헤드가 어느 정도 들어가도 모래를 날릴 수 없다. 수분이 많은 경우에는 벙커 탈출이 아니라 '연못 탈출'이라고 불러야 할 정도이다.

　그렇기 때문에 헤드는 볼 가까이를 치지 않으면 안된다. 아니면 볼의 가운데를 직접 때려야 한다. 그러나 이 경우 비거리가 길어지기 때문에 힘을 빼서 알맞게 조절해야 한다.

　모래와 흙이 뒤섞여 완전히 딱딱해졌을 때는, 마치 페어웨이에서 친다는 생각으로 짧은 로브샷을 치는 편이 좋다.

▶ 비법의 과학

　모래(고체)와 모래(고체) 사이에 물(액체)이 있으면 모래가 모래를 누르는 힘이 약해진다(그림 3). 즉, 헤드의 임팩트로 모래에 가한 압력이 볼 부근의 모래에 충분히 전달되지 않는다(그림 4).

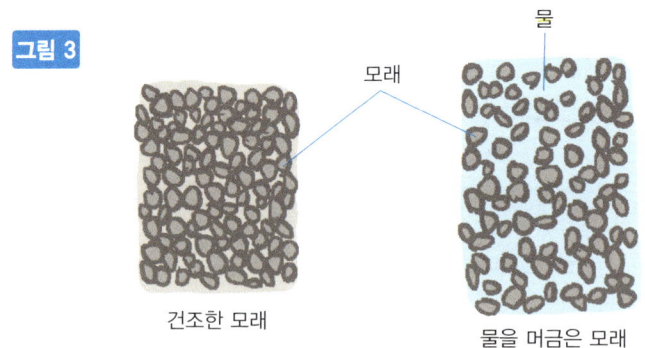

그림 3

건조한 모래　　물을 머금은 모래

따라서 아무리 많은 양의 모래를 힘껏 쳐도, 그 힘이 효과적으로 볼에 전달되지 않는다. 당연히 볼도 높이 떠오르지 않는다. 이러한 경우에는 직접 볼을 때리는 방법밖에 없다.

그림 4

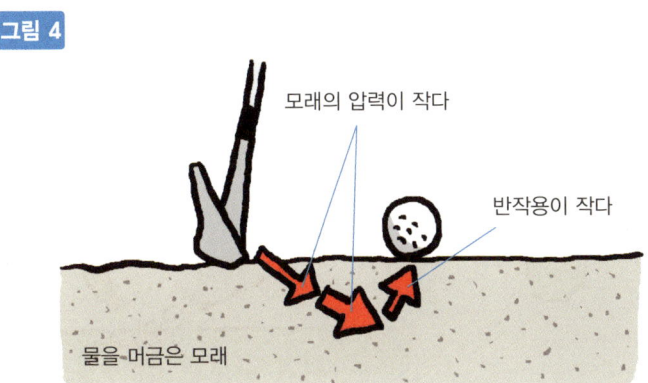

콘크리트처럼 단단해진 벙커에서는 뾰족한 수가 없다. 애초에 헤드가 지면을 파고들지 못하니 모래에 의한 상승력이 생기지 않는다. 볼을 콘크리트 바닥에 두고 그 주변을 아무리 강하게 쳐봤자 볼이 상승하지 않는 것과 같은 이치이다(그림 5). 이럴 경우에는 로브샷으로 볼을 직접 때리는 수밖에 없다.

그림 5

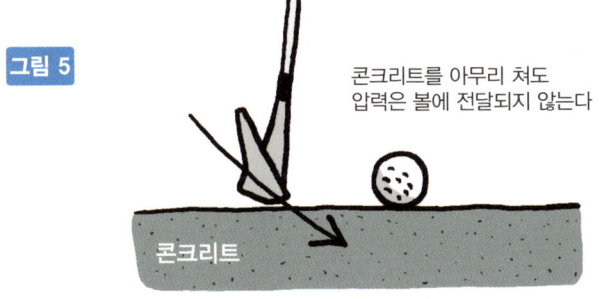

비법의 정리

진흙처럼 모래가 뭉친 벙커에서는 솔 면이 작은 웨지로 V자형 스윙을 해서 탈출한다. 콘크리트처럼 단단한 벙커에서는 로브샷으로 탈출한다.

2-4 페어웨이 벙커에서 탈출하는 비법

▶ **비법의 기본**

페어웨이 벙커는 컵으로부터 먼 거리에 있기 때문에 볼을 힘껏 쳐 멀리 날린다. 벙커라고 해서 꼭 샌드웨지로 모래를 쳐야 하는 것은 아니다. 샌드웨지로 치면 볼이 충분히 날아가지 않기 때문이다.

그래서 번호가 낮은 5번, 6번 아이언을 사용거나, 과감히 우드를 사용해도 된다. '정말 우드로 쳐도 괜찮을까?'는 의문이 들 테지만 우드로 V자형 스윙을 하면 아무 문제 없다.

다만, 어느 정도 모래에 에너지를 빼앗기기 때문에 비거리는 짧아진다. 따라서 보통의 페어웨이에서 칠 경우와 비교하면 80~90%의 비거리밖에 나오지 않는다. 그린까지 130야드 떨어져 있다면 150야드를 날릴 수 있는 우드를 사용해서 V자형 스윙을 하면 된다(그림 1).

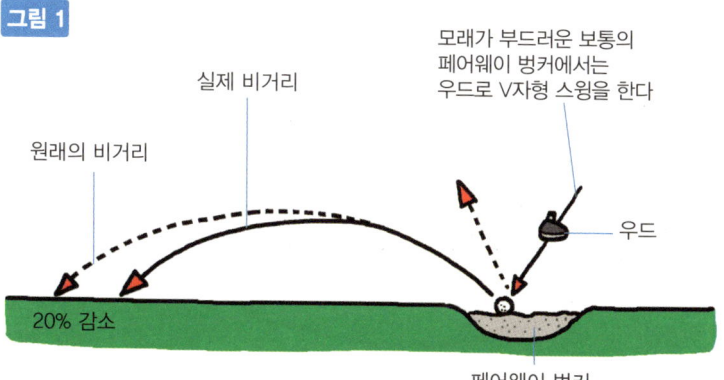

그림 1

▶ **비법의 설명**

 지금까지 설명한 것처럼, U자형 스윙을 하면 헤드가 모래 속을 파고들어 통과하기 때문에 에너지를 빼앗기고 볼은 날아가지 않는다. U자형 스윙으로는 그린에 올려놓기는커녕 벙커를 탈출하기조차 힘들다.

 그래서 V자형을 스윙을 해야 하는 것이다. 올바른 V자형 스윙을 하면 헤드가 모래를 파고들기 전에 페이스가 볼에 닿는다. 따라서 일단 모래에 에너지를 빼앗기지 않고 볼을 띄울 수 있다.

 물론 예외도 있다.

 그것은 모래가 매우 단단할 때나 매우 부드러울 때 나타난다. 비가 온 뒤 모래는, 모래라기보다 진흙에 가깝게 굳는다. 물론 이런 코스에서는 플레이하지 않는 편이 좋겠지만, 단단히 굳은 벙커에서 쳐야만 할 때가 있다.

 그런데 사실 이런 벙커에서 탈출하는 것은 간단하다. 보통의 페어웨이에서 친다고 생각하면 된다. 즉 U자형 스윙을 하는 것이다. U자형 스윙을 하면 에너지를 모래에 빼앗길 걱정이 없다(그림 2).

그림 2

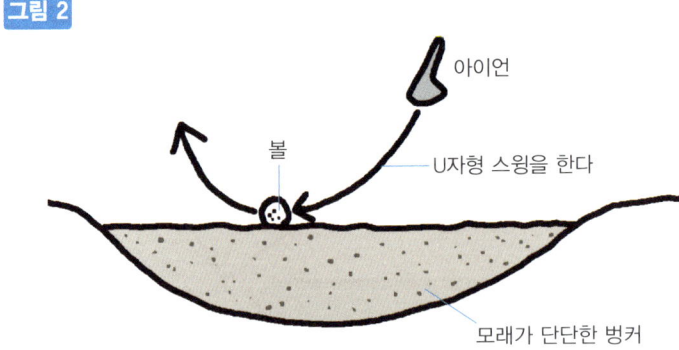

문제는 모래가 매우 부드러울 때이다. 모래를 새로 교체한 직후에는 가루처럼 부드러운 모래 벙커가 생긴다. 해안과 가까운 코스에도 이런 벙커가 많다.

이때는 원칙적으로 V자형 스윙을 해야 한다. 하지만 그러면 헤드가 모래를 파고들 뿐 아니라, 임팩트 순간 볼도 모래에 박히게 된다. 이런 경우에는 우드보다는 아이언을 사용해서 V자형 스윙을 해야 한다.

▶ **비법의 과학**

모래를 피해서 헤드 페이스로 직접 볼 가운데를 친다. V자형 스윙으로 내려친 헤드는 그림 3처럼 모래에 거의 닿지 않고 볼을 직접 때리게 된다. 이때 볼에는 두 종류의 힘이 가해진다.

그림 3

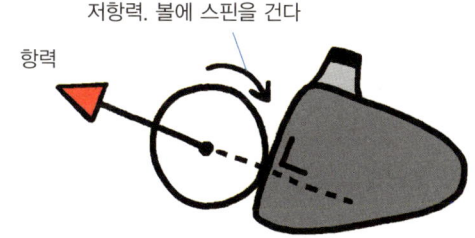

첫째는 항력이다. 항력은 페이스 면에 수직 방향으로 작용한다. 둘째는 볼이 페이스 면에서 위로 미끄러지는 저항력이다(그림 3 아래쪽).

볼은 항력에 의해 로프트각 방향으로 날아오른다. 또한 저항력에 의해 스핀이 걸려 떠오르는 듯한 양력이 생긴다. 이렇게 해서 볼은 높이 솟아오르고 컵까지 날아가게 된다.

비법의 정리

모래가 부드러운 보통의 페어웨이 벙커에서는 우드로 V자형 스윙을 한다. 볼의 가운데를 노리고 비스듬히 내리꽂는 스윙하는 것이다. 그러나 모래가 단단한 벙커에서는 아이언으로 U자형 스윙을 한다.

제 2 장 참 고

 페어웨이 벙커에서 보통의 스푼(spoon, 3번 우드)으로 치면, 비거리가 얼마나 짧아지는지 실험해 보았다. 실험에 사용한 클럽은 카스코의 3번 우드이고, 장소는 사이판의 3번 홀(A)과 도치기 현에 위치한 G 코스의 9번 홀(B)이다.

 이 두 코스는 모래 상태가 크게 다르다. A는 남태평양 해안의 부드러운 모래, B는 산간 지역의 단단한 모래다.

 실험에서는 통상적인 페어웨이의 비거리를 측정한 다음, 페어웨이 벙커에서 쳤을 때의 비거리로 나누어 비거리의 감소 비율(%)을 구했다. 그리고 이것을 반복해서 비율의 평균을 계산했다.

코스	감소 비율
A코스(부드러운 모래)	87%
B코스(단단한 모래)	85%

 그 결과, 일반적인 코스의 페어웨이 벙커에서는 비거리가 86% 정도 감소한다는 결론을 얻었다. 이것은 앞에서 설명한 내용과 일치한다.

제 3 장
아이언 선택의 비법

3-1 아이언의 특성을 아는 비법

▶ **비법의 기본**

　원래 아이언은 금속판으로 되어 있고, 뒷면은 단순한 형태로 되어 있다. 이처럼 뒷면이 비교적 평탄한 형태를 플랫백flat back 또는 머슬백muscle back 이라고 한다.

　이에 비해 뒷면이 복잡하게 돌출되거나 파인 것은 캐비티백cavity back 이라고 부른다.

　캐비티백을 사용하는 데는 나름대로 이유가 있다. 우선 무엇보다 중심 심도(그림 1)가 크고, 관성모멘트와 스위트 에어리어sweet area가 크기 때문이다. 스위트 에어리어란, 볼이 스위트 스폿(페이스면의 중심 위치)에서 벗어나도 커다란 미스로 연결되지 않는 영역을 말하는데 이 부분이 커지면 방향성이 좋아진다.

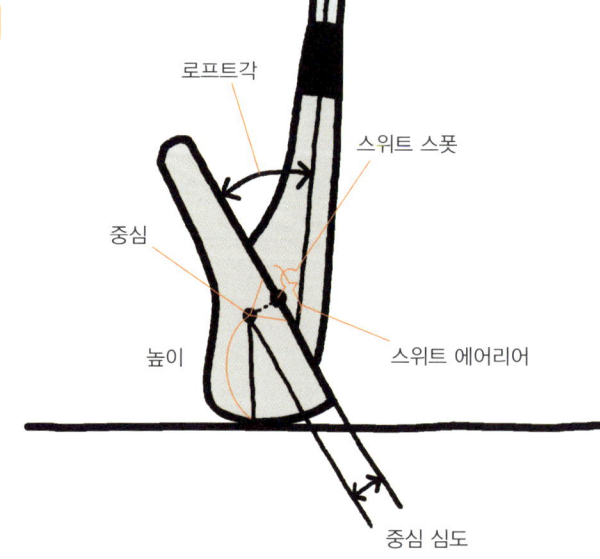

그림 1

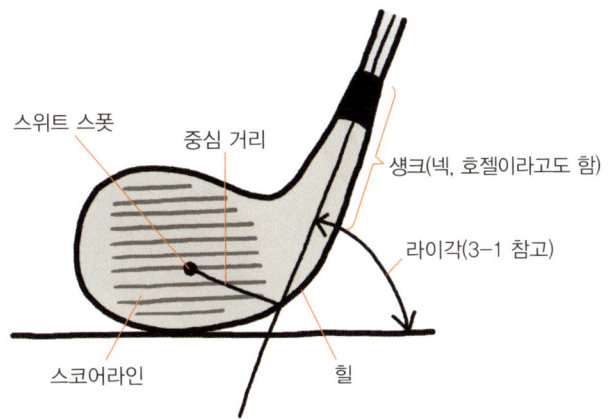

최근에는 캐비티백의 솔 근처를 돌출시키거나 일부를 깊이 판 아이언(포켓 캐비티)도 출시되고 있다. 이런 아이언은 중심 심도(그림 1 참고)와 관성모멘트가 크다.

그러므로 아이언은 플랫백보다 캐비티백을 선택할 것을 권한다.

▶ **비법의 설명**

플랫백의 중심 심도는 페이스에서부터 쟀을 때 헤드의 금속판 두께 정도에 불과하다. 하지만 캐비티백에는 뒷면에 돌출된 부분이나 파인 부분이 있기 때문에 그만큼 중심이 페이스 뒤쪽으로 이동해서 중심 심도가 커진다.

중심 심도가 커지면 페이스보다 깊은 위치에 중심이 있기 때문에 스위트 에어리어의 면적은 그만큼 확대된다.

최근에는 캐비티백은 물론이고, 백이 우드처럼 두꺼운 아이언도 시판되고 있다(그림 2). 이것도 캐비티백의 일종이라고 생각하면 된다.

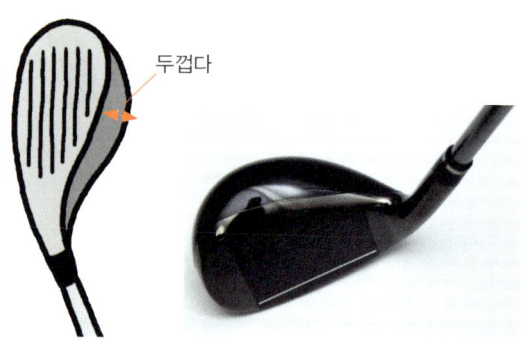

백이 두꺼운
아이언도 있다

두껍다

▶ **비법의 과학**

 볼을 제 방향으로 보내지 못하는 미스는 누구나 범한다. 이러한 미스의 범위를 중심 주위의 입체각 A라고 하자. 그리고 중심으로부터 d만큼 떨어진 위치에서 범한 미스의 면적을 S라고 하자. 그러면 다음과 같은 식이 성립한다.

$$S=Ad^2$$

 여기에서 d는 중심 심도이다.
 이처럼 중심 심도 d가 커지면 그 제곱에 비례해서 스위트 에어리어 S가 커진다(그림 3). 캐비티백 아이언의 백이 복잡한 형태를 띠고, d가 커져야 하는 이유가 여기에 있다(그림 4).
 그리고 백의 형태가 복잡해지면 관성모멘트도 커진다. 관성모멘트가 커지면 샤프트 축 주위의 회전이 잘 안 되고 그만큼 입체각(그림 3) A가 증가한다. 이 점에서도 캐비티백이 권할 만하다.

아이언선택의 비법

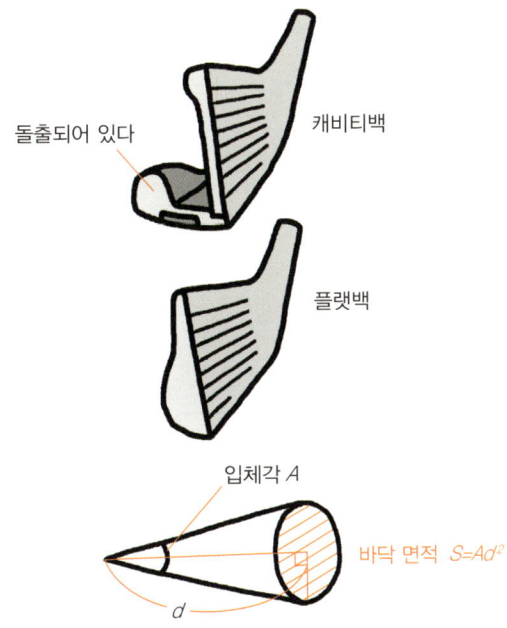

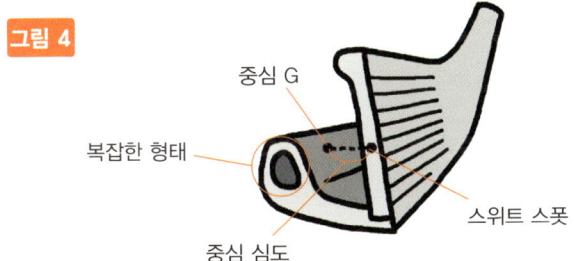

비법의 정리

아이언, 웨지는 되도록이면 헤드 뒤쪽이 돌출되거나 파여 있는 캐비티백을 선택한다. 두꺼운 것도 좋다.

3-2 로프트각과 라이각의 비법

▶ **비법의 기본**

아이언을 선택할 때는 로프트각^{loft angle}, 라이각^{lie angle}, 바운스각^{bounce angle}에 주의해야 한다. 이 중 로프트각은 볼의 높이, 비거리와 관련있다(그림 1).

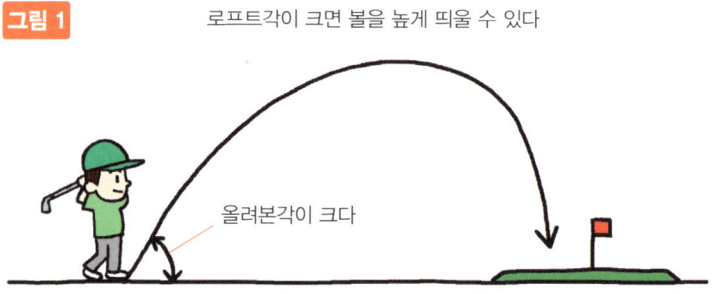

그림 1 로프트각이 크면 볼을 높게 띄울 수 있다

올려본각이 크다

따라서 어느 정도 비거리를 늘리고 싶을 때는 로프트각이 24~30도 정도로 작은 아이언을 선택한다. 또한, 비거리보다는 볼을 높이 띄워서 그린에 올려놓고 싶다면 35~40도가 좋다. 웨지라면 44~56도 정도가 좋을 것이다.

라이각은 섕크를 방지하는 데 중요한 요소이다. 앞에서 설명했다시피, 스코어라인은 수평이 아니라 토 쪽이 약간 올라가노록 자세를 잡는다(그림 2). 따라서 그립을 아래로 내려 잡고, 이때 적당한(몸을 자연스럽게 구부릴 정도) 라이각을 선택한다. 보통 키가 큰 사람은 라이각을 크게, 키가 작은 사람은 라이각을 작게 잡으면 된다. 아이언의 라이각은 61.5~63도, 웨지의 라이각은 63.5도가 적당하다.

제3장 아이언 선택의 비법

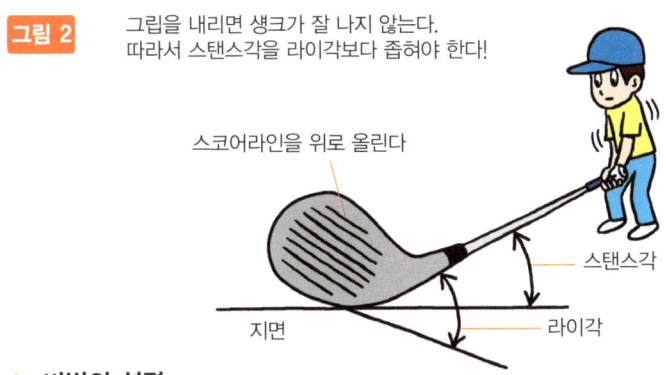

그림 2 그립을 내리면 섕크가 잘 나지 않는다.
따라서 스탠스각을 라이각보다 좁혀야 한다!

▶ **비법의 설명**

대표적인 로프트각과 라이각의 일람표이다.

클럽 넘버	로프트각	라이각
5번 아이언	24도	61도
6번 아이언	27도	61.5도
7번 아이언	30도	62도
8번 아이언	34도	62.5도
9번 아이언	39도	63도
피칭웨지	44도	63.5도
어프로치웨지	50도	63.5도
샌드웨지	56도	63.5도

위의 로프트각과 라이각은 어디까지나 하나의 기준일 뿐이다. 볼을 너무 높게 띄우는 사람은 로프트각이 작은 클럽을, 반대로 볼을 그린보다 훨씬 넘기는 사람은 로프트각이 큰 클럽을 선택해야 한다.

실제로 표준 라이각은 그다지 큰 차이가 없다. 모두 62~63도 근처이다. 라이각은 자신의 몸이 앞으로 구부러지는 정도를 보고 조절한다.

▶ **비법의 과학**

로프트각은 볼의 높이, 즉 올려본각(볼이 날아오르는 방향의 각도)에 직접적인 영향을 준다. 로프트각이 커지면 올려본각도 커진다.

　그러나 로프트각이 20도 커진다고 해서 올려본각도 단순히 20도 커지는 것은 아니다. 예를 들어, 5번 아이언을 사용해서 올려본각 45도로 치는 사람은 피칭웨지를 사용하면 올려본각이 65도(45도+20도)가 될까? 그렇지 않다. 이때 올려본각은 겨우 50도 정도가 될 뿐이다.

　이로써 올려본각을 결정하는 것은 **스윙 궤도**와 **로프트각**의 조합이라는 사실을 알 수 있다. 일반적으로 임팩트할 때 왼발에 회전축이 있는 경우 헤드는 그 순간 위쪽으로 나아가게 되고, 올려본각은 이 어퍼블로각(위를 향하는 각)과 로프트각을 더한 값이 된다(그림 3). 반대로 임팩트할 때 오른발에 회전축이 있는 경우에는 로프트각에서 헤드의 언더블로각(아래를 향하는 각)을 뺀 값이 올려본각이 된다.

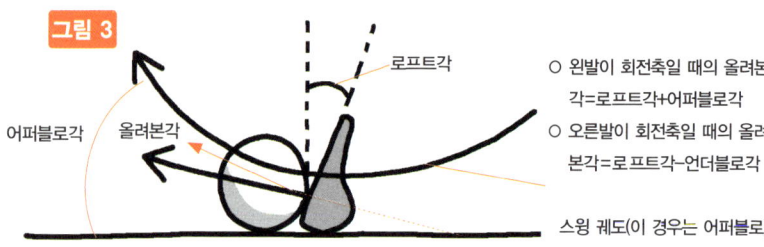

비법의 정리

　몸을 굽혀 자연스럽게 칠 수 있는 라이각을 선택한다. 몸이 구부러지는 정도는 그립을 내렸을 때 스코어라인의 토 쪽이 위로 약간 올라가는 정도이다. 로프트각이 커져도 올려본각은 의외로 커지지 않는다.

3-3 밸런스의 비법

▶ 비법의 기본

밸런스란, 클럽을 휘두를 때 느끼는 '무거운 정도'를 말한다. 즉, 클럽의 실제 무게^{weight}가 아니라 '체감 무게'이다. 따라서 밸런스는 클럽을 휘둘러보지 않고는 알 수 없다.

물론 클럽이 무거우면 체감 무게도 무거워지기 때문에 밸런스는 무게에 비례한다. 그림 1처럼 클럽 전체의 중심 위치에서부터 그립 끝 12인치까지의 거리를 b라고 하면, 밸런스 B는 다음과 같이 정의할 수 있다.

$$B = \frac{bW}{12}$$

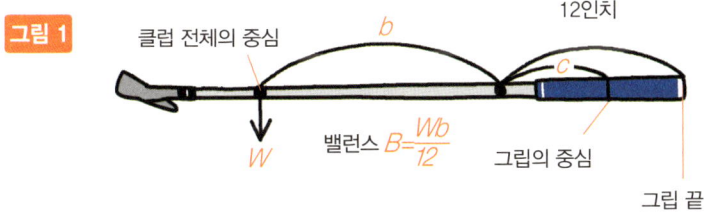

그림 1

이 값은 18.3부터 23.2까지 설정되고, 작은 순서대로 다음과 같이 표시된다.

C0, C1, ……, C9, D0, D1, ……, D9, E0, E1, ……, E9

일반적으로 아이언은 C9~D0이고, 웨지는 D0~D1이다.

▶ **비법의 설명**

클럽을 휘둘렀을 때 느끼는 무게란 무얼까? 밸런스 계산식 $B=\frac{bW}{12}$ 를 살펴보자. 분명히 무게 W에는 비례하지만, W 그 자체는 아니다. b라는 길이와도 관련 있기 때문이다. 즉 Wb는 무게×길이의 단위이고, 이것은 바로 힘의 모멘트를 나타내는 단위이다.

그러나 12로 나누는 의미는 확실히 알기 어렵다. 골프를 치는 사람 대부분 잘 알지 못할 것이다. 그저 아이언은 C9~D0, 웨지는 D0~D1을 선택하면 무난하다는 사실만 알아두도록 하자. D1이 무겁게 느껴진다면 D0을 선택하면 된다.

▶ **비법의 과학**

필자는 10년 이상 고민한 끝에 이해하기 어려운 밸런스의 의미를 가까스로 알게 됐다.

밸런스란 무엇인가?

그것은 바로 '관성모멘트의 근사식'이다. 그립 부분을 중심으로 클럽을 한 번 휘둘러보자. 그러면 '휘두르기 어렵다.'는 느낌이 들 것이다. 이것은 그립 부분의 관성모멘트를 나타낸다.

앞의 그림 1에서 관성모멘트 I는 다음과 같다.

$$I=Wh^2$$
$$(h=b+c)$$

이것은 h^2에 비례하고 밸런스 계산식은 b에 비례하기 때문에, 밸런스와 관성모멘트는 같은 값이 될 수 없다. 하지만 밸런스는 어디까지나 관성모멘트 식의 일부이다.

그림 2에서는 h를 가로축으로 해서 관성모멘트 I의 계산식을 나타냈다. 이것은 h^2에 비례하기 때문에 당연히 포물선이 된다. 그래서 그림 2에 밸런스의 계산식을 겹쳐보았다. 그랬더니 h의 직선 밸런스 식이 밸런스 범위와 겹쳐졌다.

즉, 5% 정도의 오차 내에서, 관성모멘트를 밸런스로 대용할 수 있는 것이다. 어프로치웨지는 밸런스가 D1부터 D3까지 있는데 이것은 주로 샤프트와 클럽 헤드의 무게를 변화시킬 뿐, 휘두를 때 느끼는 무게를 변화시키는 않는다.

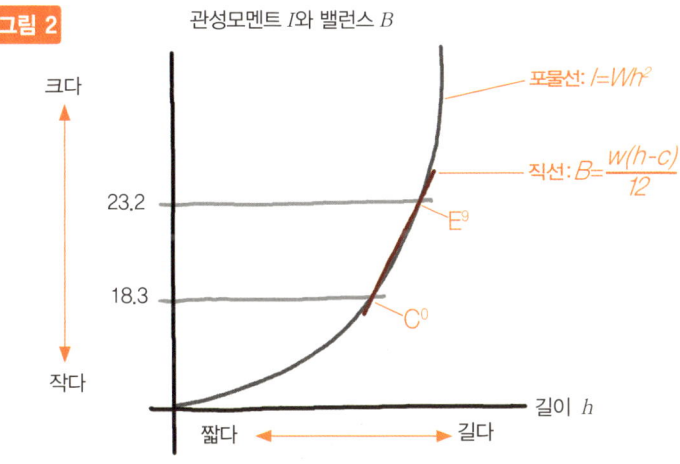

밸런스 B는 관성모멘트 $I=Wh^2$의 근사식(극히 일부)

비법의 정리

밸런스는 관성모멘트의 근사치로, 휘두르기 힘들다고 느끼는 정도를 나타낸다. 휘둘러보고 무겁다고 느낀다면 밸런스가 작은 클럽을 선택한다.

제 3 장 참고

로프트각을 변화시켜가며 올려본각을 측정했다.

로프트 각	올려본각
29도	34도
30도	34도
34도	36도
38도	39도

로프트각을 변화시켜도, 올려본각은 그만큼 변화되지 않는다는 사실을 알 수 있다.

제 4 장
퍼팅 스윙의 비법

4-1 진자 스윙과 반진자 스윙의 비법

▶ **비법의 설명**

진자 스윙, 반(半)진자 스윙은 퍼터를 적당히 쥐고(그립을 쥐는 법은 상관없지만 무리한 자세는 피해야 함) 좌우로 자연스러운 진자운동을 하며 스윙하는 방법이다.

그러나 그림 1과 같이 팔이 어깨보다 앞으로 나와 있으면, 완전한 진자운동이 아니라 왼쪽으로 회전하듯 움직인다. 따라서 볼은 컵 왼쪽 방향으로 치우치기 쉽다. 이를 피하려면 다음과 같이 해야 한다.

그림 1

앞으로 튀어나온 자세

퍼터 헤드

제4장 퍼팅 스윙의 비법

A 양발을 나란히 하고 발끝을 연결한 선을 따라 헤드를 휘두를 것(그림 2).
B 되도록이면 볼에서 떨어져서 스탠스를 취할 것(그림 3).

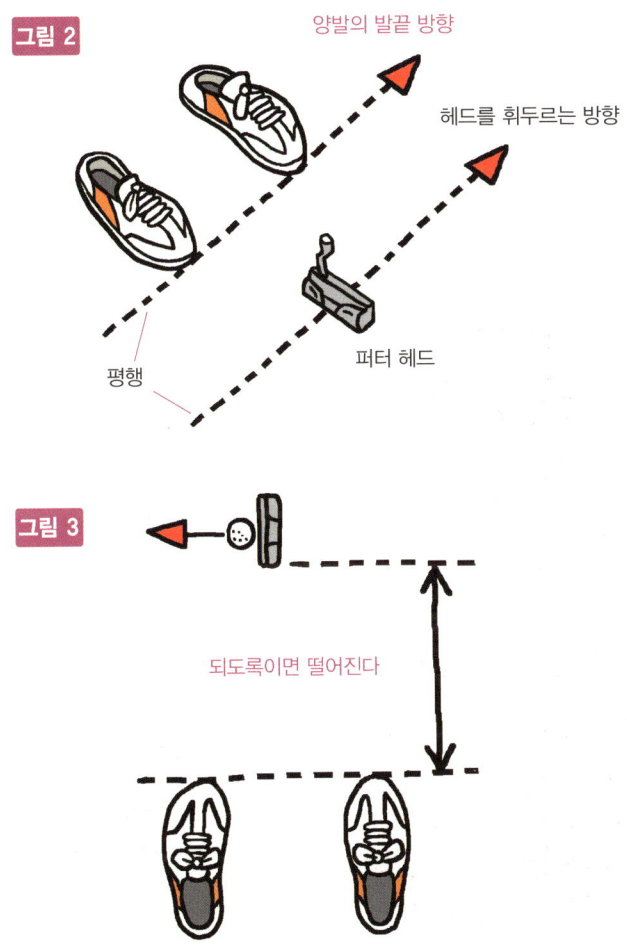

▶ **비법의 설명**

A의 비법은 당연한 방법이다. 컵의 방향(비구선 방향)에 양발의 발끝을 연결한 선을 맞추고 양발을 연결한 선에 헤드의 스윙 방향을 맞추면, 타구 방향은 바로 비구선 방향이 되기 때문이다(그림 2).

B의 비법을 설명하기는 매우 어렵다. 그러나 잘 생각해 보면 여기에서 문제가 되는 진자 스윙은 실제로는 완벽한 진자운동이 아니다. 팔이 그림 1처럼 앞으로 튀어나와 있기 때문에 '비스듬한 진자운동'을 하게 된다. 따라서 샤프트가 움직이는 면(스윙 면)은 수직이 아니라 비스듬한 각을 이룬다(그림 4).

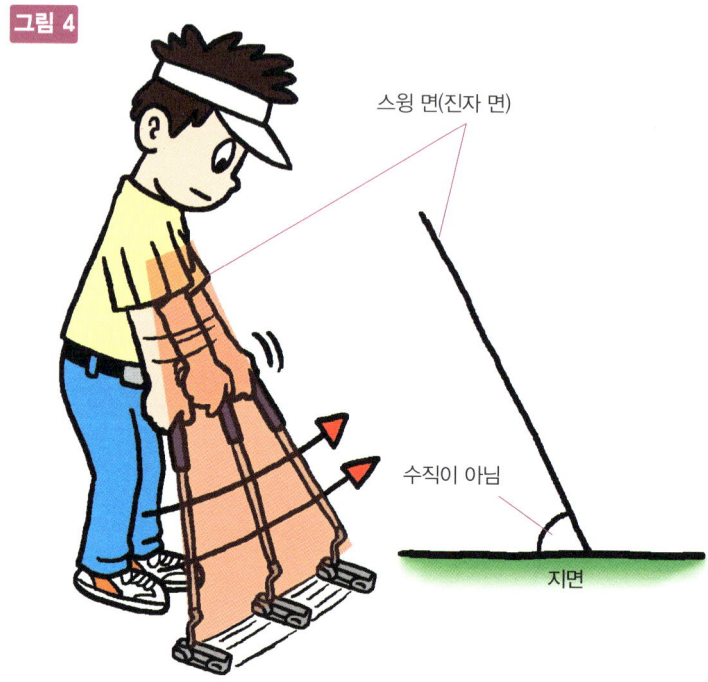

그림 4

스윙 면(진자 면)

수직이 아님

지면

이런 운동을 역학에서는 원뿔진자라고 해서 보통의 진자와 구별한다. 원뿔진자는 추가 원궤도로 회전한다(그림 5).

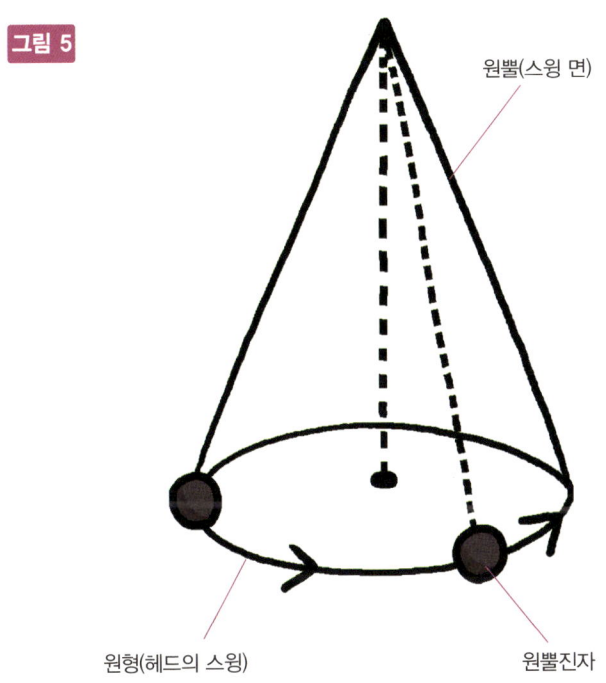

그림 5
원뿔(스윙 면)
원형(헤드의 스윙)
원뿔진자

따라서 문제가 되는 퍼터의 진자에서도 헤드는 원운동의 일부가 된다 (그림 6). 그러므로 이 원을 최대한 직선으로 만드는 것이 과학적 비법이라고 할 수 있다.

원궤도를 최대한 직선으로 만들기 위해서는 원의 반지름을 크게 해야 하고, 그러기 위해서는 볼에서 되도록이면 멀리 떨어져서 스탠스를 취해야 한다(그림 3).

그림 6

헤드의 궤도는 원뿔진자의 원 부분에 해당한다

그림 7

$r = h \sin A$

▶ **비법의 과학**

앞서 이야기한 역학적 측면을 살펴보자. 원뿔의 높이를 h라고 했을 때, 원뿔의 꼭짓점 각도를 A라고 하면(그림 7), 원뿔진자의 추가 이루는 원운동의 반지름 r은 다음과 같이 구할 수 있다.

$$r = h \sin A$$

따라서 볼에서 멀리 떨어져서 팔을 앞으로 멀리 뻗을수록 각도 A는 커진다. 위의 식에서 A가 커지면 r도 커지게 되고, r이 커지면 원은 직선에 가까워진다. 이것은 그림 7을 보면 쉽게 알 수 있다.

비법의 정리

진자 스윙, 반진자 스윙은 가능한 한 볼에서 멀리 떨어져서 치도록 한다.

4-2 진자 스윙과 펀치샷의 비법

▶ **비법의 기본**

반진자 스윙은 진자운동을 오른쪽 끝에서 시작하므로(그림 1), 진자주기(왕복)의 반만큼 스윙하게 된다.

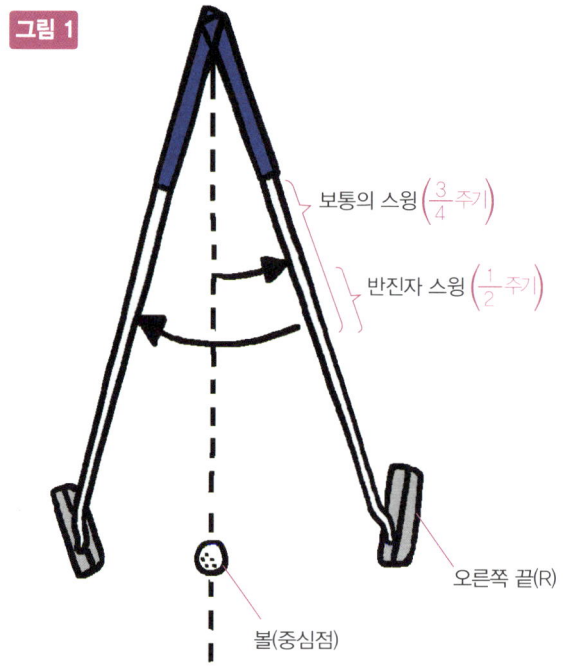

그림 1
- 보통의 스윙 ($\frac{3}{4}$ 주기)
- 반진자 스윙 ($\frac{1}{2}$ 주기)
- 오른쪽 끝(R)
- 볼(중심점)

반진자 스윙은 오른쪽 끝(R)이 시작점이다

이 경우에는 중심점(그림 1)에서 시작하는 풀스윙에 비해 헤드의 움직임이 단축되기 때문에, 그만큼 미스를 범할 가능성이 적어진다. 이것은 스윙 도중에 본의 아니게 헤드가 휘기 쉬운 아마추어에게 적당한 방법이다.

펀치샷^{punch shot}은 임팩트할 때 헤드를 멈추는 방법이며, 많은 아마추어가 사용한다(그림 2). 임팩트 직후에 헤드 방향이 휘어 볼의 진행이 흐트러지는 것을 방지하는 타법이다. 이것도 미스를 범하지 않기 위해 움직임을 단축시킨 것이라고 할 수 있다.

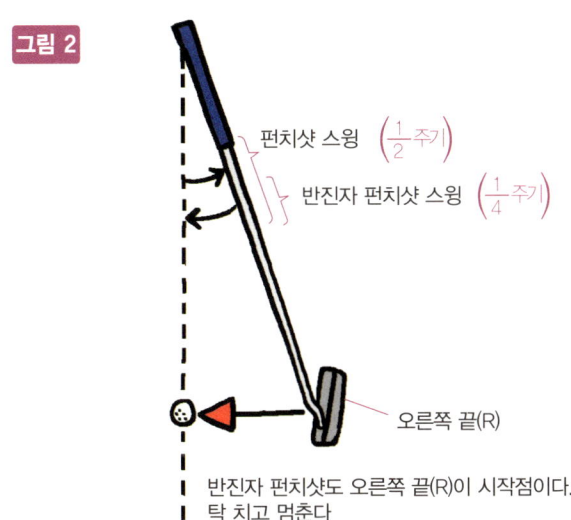

그림 2

펀치샷 스윙 $\left(\frac{1}{2} 주기\right)$

반진자 펀치샷 스윙 $\left(\frac{1}{4} 주기\right)$

오른쪽 끝(R)

반진자 펀치샷도 오른쪽 끝(R)이 시작점이다.
탁 치고 멈춘다

그러므로 반진자 타법과 펀치샷을 조합한 타법이 바람직하다고 생각한다. 이 방법은 헤드를 오른쪽 끝에서 출발시켜서 펀치샷을 하는 것이다.

물론 이 방법에도 거리감을 잡기 어렵다는 결점은 있다. 특히 먼 거리를 칠 때 더 어렵다.

아마추어는 이 두 가지 방법을 많이 사용하지만 프로 중에는 별로 없다. 하지만 나름대로 성과를 낼 수 있는 방법이므로 놓치지 말자.

▶ **비법의 설명**

그림 1에서처럼 통상적인 샷의 스윙을 진자운동의 주기로 나타내면, 우선 중심점에서 오른쪽 끝으로 백스윙하는 $\frac{1}{4}$ 주기, 왼쪽 끝까지 팔로스윙하는 $\frac{1}{2}$ 주기의 합계이다.

$$\frac{1}{4} + \frac{1}{2} = \frac{3}{4} \text{ 주기}$$

하지만 방금 설명한 반진자 타법은 백스윙 부분이 생략되기 때문에 $\frac{1}{2}$ 주기의 운동이 된다. 즉, 약 $\frac{1}{3}$ 의 궤도 운동이 생략되는 셈이다. 따라서 그만큼 미스를 줄일 수 있다.

다시 말하지만 미스는 운동 거리(또는 시간)가 길수록 잘 나온다. 이것은 아마추어의 슬픈 숙명이라고 할 수 있다.

펀치샷도 스윙의 운동 거리는 반진자 스윙과 같은 $\frac{1}{2}$ 주기이다. 백스윙의 $\frac{1}{4}$ 주기와 팔로스윙의 오른쪽 끝에서 임팩트 지점까지의 $\frac{1}{4}$ 주기를 합해서 $\frac{1}{2}$ 주기가 되는 것이다.

그리고 '반진자+펀치샷'은 주기로 말하면 $\frac{1}{4}$ 주기의 샷이기 때문에 미스가 가장 적게 나오는 방법이라고 할 수 있다.

▶ **비법의 과학**

진자운동은 그림 3처럼 1주기를 네 구간으로 구분할 수 있다.

그림 3

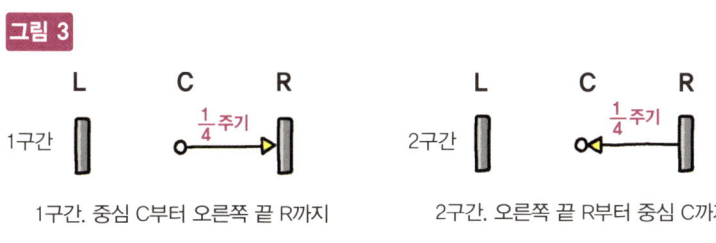

1구간. 중심 C부터 오른쪽 끝 R까지

2구간. 오른쪽 끝 R부터 중심 C까지

3구간. 중심 C부터 왼쪽 끝 L까지

4구간. 왼쪽 끝 L부터 중심 C까지

✕ 표시는 미스를 자주 범하는 구간

이 중에서 통상적인 스윙은 1구간+2구간+3구간이다. 하지만 반진자 스윙은 1구간이 생략되고 헤드가 오른쪽 R에서 시작하므로 2구간과 3구간만 남는다. 한편 펀치샷은 1구간과 2구간만 남는다. 둘 다 2구간을 포함하는 셈이다.

따라서 반진자 스윙과 펀치샷을 잘 조합하면 2구간만 남게 되고, 스윙 궤도가 극단적으로 짧아진다.

아마추어들은 스윙 궤도가 길수록 미스를 범하기 쉽다는 점은 앞에서 설명했다. 미스는 주로 터닝포인트에서 발생한다. 다시 말해 각 구간의 결합 부분에서 미스가 자주 나온다는 것이다.

백스윙에서 팔로스윙으로 이동할 때(오른쪽 끝 R) 팔과 그립에 힘이 들어가고, 이것이 헤드 방향으로 흔들림을 발생시킨다. 중심 C에서도 마찬가지다. 헤드가 오른쪽으로 출발할 때 혹은 임팩트할 때 흔들림이 발생한다.

미스가 나오기 쉬운 곳은 중심 C와 오른쪽 끝 R 사이, 오른쪽 끝 R과 중심 C 사이이다. 중심 C를 지나 중심 C~왼쪽 끝 L 구간으로 들어가면 괜찮을 것 같지만 꼭 그렇지만도 않다. 이 구간에서 발생하는 미스의 원인이 중심 C 혹은 중심 C 전에 이미 존재하기 때문이다.

하지만 모든 미스에는 공통점이 있다. 그것은 '힘을 넣을 때 미스가 발생한다.'는 점이다. 따라서 가장 중요한 것은 되도록이면 힘을 넣지 말아야 한다는 것이다. 이 점에서도 반진자 펀치샷은 C점에서만 주로 힘을 넣기 때문에 매우 훌륭한 타법이라고 하겠다.

비법의 정리

퍼팅 미스를 줄이기 위해서는 스윙 궤도의 길이를 줄여야 한다. 즉, 궤도가 짧은 반진자 타법과 펀치샷을 조합하는 것이다.

4-3 핸드퍼스트 스윙의 비법

▶ **비법의 기본**

이제 핸드퍼스트 스윙의 비법을 알아볼 차례다. 그림 1처럼 그립을 비구선 방향(신체 중심에서 왼쪽)으로 가져와서(그립을 앞쪽으로 나오게 함) 볼을 치는 것이 핸드퍼스트 타법이다(16페이지의 사진 참고). 이때 그립의 각도는 고정시킨 채 스윙한다.

핸드퍼스트 타법은 일반적으로 바람직하지 않다고 여겨지지만, 방향이 흐트러지지 않는다는 장점이 있다. 4-4에서 설명하겠지만, 이 타법은 볼의 순회전을 만드는 방법과 반대가 되기 때문에 어려워하는 사람도 있다.

그림 1

그립을 앞쪽으로 나오게 한다

▶ **비법의 기본**

핸드퍼스트 타법을 사용해서 그립을 앞쪽으로 나오게 하면 헤드의 로프트는 약간 세워진 상태가 된다. 즉, 페이스는 자연스러운 로프트각(3~6도)보다 작아진다(그림 2).

따라서 그대로 임팩트하면 페이스는 수평 또는 그보다 아래를 향해 치게 된다. 볼을 띄우는 느낌이 아니라 가라앉히는 느낌으로 치는 셈이다(그림 2).

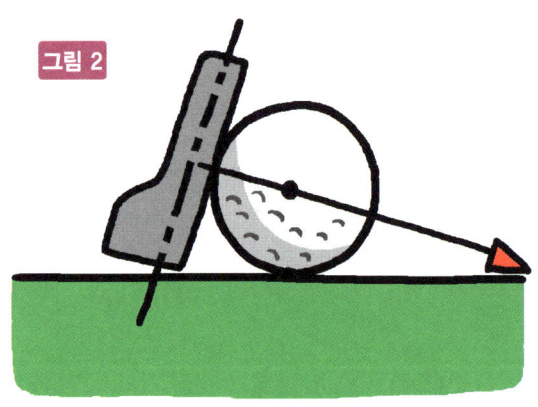

그림 2

아래쪽으로 치게 된다

볼을 가라앉히는 느낌으로 치면 지면과의 항력과 저항이 커진다. 그만큼 지면과의 마찰도 커지기 때문에 잔디의 영향을 강하게 받아 불리해진다.

그러나 이 방법은 핸드퍼스트 그립의 안정성이라는 장점이 있다. 백스윙이나 팔로스윙에서 핸드퍼스트 그립이 그대로 유지되므로 페이스가 흐트러지는 것을 방지할 수 있다.

따라서 핸드퍼스트 타법은 퍼터의 스윙 도중에 방향이 흐트러지기 쉬운 사람에게 특히 추천할 만하다.

▶ 비법의 과학

핸드퍼스트 타법은 핸드퍼스트 그립을 고정한 채 스윙하므로 페이스의 흔들림이 적다. 원래 그림 1과 같은 핸드퍼스트 그립은 부자연스러운 자세이다.

정면으로 선 자세가 매우 자연스럽고 부담이 없는 반면, 핸드퍼스트 자세는 다소 부자연스럽기 때문에 자세를 유지하는 데 약간의 긴장이 요구된다. 그러나 이러한 팔의 긴장은 스윙 도중 그립을 유지하는 데 도움을 준다. 팔을 긴장시켜서 그립의 형태를 유지하면 헤드의 방향도 동시에 유지되고, 샷의 방향도 흐트러지지 않는다.

그림 3

sin$A$에 비례하는 항력

물론 커다란 결점이 있는 것도 사실이다. 핸드퍼스트 자세를 취하면 페이스가 세워져서 아래 방향으로 치게 된다. 페이스가 수직에서 각도 A만큼 아래를 향하면(그림 3), 그만큼 볼도 아래를 향해 맞게 되는 것이다. 그림 3의 경우라면 지면과 각도 A만큼 비스듬히 맞는다.

그 때문에 볼은 무게 외에도 $\sin A$에 비례한 크기의 수직 항력을 받고, 이 수직 항력에 의해 볼과 지면의 마찰력이 커져 볼이 예상외로 흔들리게 된다.

비법의 정리

방향의 흐트러짐을 줄이고 싶은 사람은 그립을 고정하는 핸드퍼스트 타법으로 친다. 이때 볼과 그립간의 저항이 커져서 볼이 흔들릴 수 있으므로 주의한다.

4-4 수평 적도 타법의 비법

▶ **비법의 기본**

수평 적도 타법은 헤드를 거의 수평으로 스윙해서 볼 한가운데의 수평 적도면을 치는 방법이다(그림 1). 이것은 아마추어의 대다수가 사용할 만큼 매우 흔한 타법이다. 특히 먼 거리를 강하게 치고 싶을 때는 수평 적도 타법이 가장 좋은 방법이다.

그러나 이 방법은 볼이 잘 구르지 않고, 볼이 그린 위에서 뜨거나 튈 수 있다.

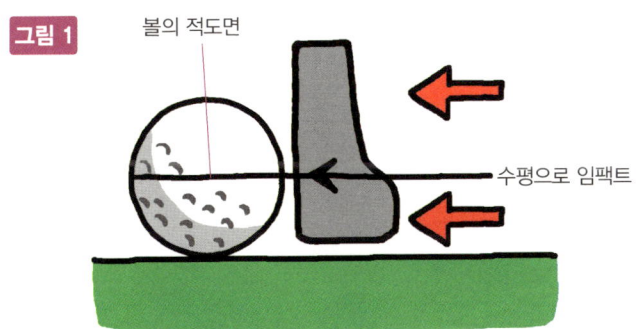

페이스의 방향과 적도면이 일치한다

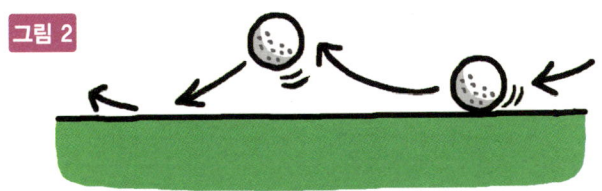

볼이 그린 위에서 튀거나 뜬다

▶ **비법의 설명**

수평 적도 타법에서는 페이스의 방향이 볼의 수평 적도면과 거의 일치한다. 페이스에 로프트각이 생기면 수평 적도면보다 약간 위를 향해 맞는다(그림 3). 초보 시절에 많이 치게 되는 방법이다.

헤드가 전후좌우로 흔들리지 않도록 신경 쓰고 그린 면과 일치하도록 스윙한다. 그러면 페이스는 원하는 대로 볼의 한가운데, 즉 적도를 맞힐 수 있다. 이 수평 적도의 한가운데에 볼의 중심이 있기 때문에 결국 이 타법은 볼의 중심을 노리는 셈이다.

볼의 중심을 노리고 힘(항력)을 가한다는 이유로 가장 이상적인 타법이라고 생각해서는 안 된다. 이 방법은 볼을 친 후 볼의 회전이 나쁘기 때문이다.

볼의 회전이 나빠지는 이유는 볼이 회전하는 속도와 나아가는 속도(병진 속도)가 일치하지 않기 때문이다.

따라서 이 방법으로는 볼이 순회전하지 않는다. 순회전이란 볼이 나아가는 속도와 회전 속도가 일치하는 경우를 말한다.

그림 3

이 경우에도 볼의 중심을 겨냥해서 친다

▶ 비법의 과학

이상적인 순회전이란, 볼의 병진속도와 회전 속도가 일치하는 것이다. 병진속도는 볼의 중심이 이동하는 속도를 말한다(그림 4). 한편 회전속도는 볼의 원둘레가 움직이는 속도이다.

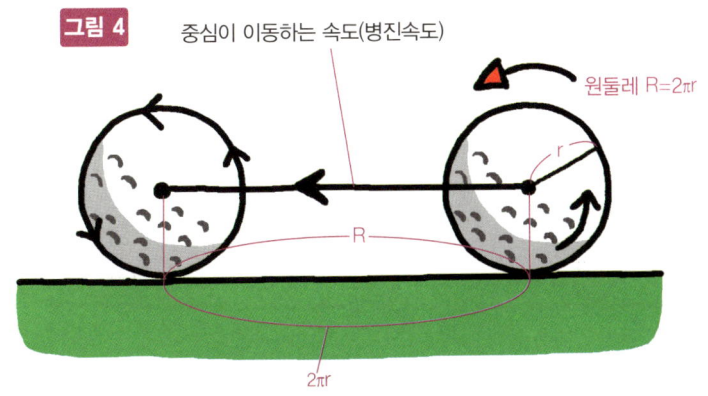

미끄러지지 않고 굴러간다(순회전).
1회전하면 원둘레 2πr만큼 나아간다

그림 4처럼 원둘레를 R이라고 하면 볼이 1초 동안 1회전하는 속도는 R이다. 그리고 지면을 미끄러지지 않고 굴러갈 때 병진운동의 속도도 R이다. 따라서 R이 2πr일 때 볼의 병진속도와 회전속도는 일치한다.

움직이기 시작한 볼은 두 가지 관성의 법칙에 따라 운동을 지속한다. 그 중 하나는 '중심을 친 볼은 병진운동을 언제까지나 계속하려고 한다.'는 관성의 법칙이다. 볼은 운동 도중에 잔디의 불규칙한 힘을 받더라도 최대한 병진운동을 지속하려고 한다.

또 다른 관성운동은 볼의 회전에 관한 것이다. 수평 적도 타법에서는 볼이 거의 회전하지 않는다.

하지만 밑에 있는 잔디의 마찰력에 의해 곧 회전운동을 시작한다(그림 5). 그리고 그 회전운동의 속도와 병진운동의 속도가 일치하면, 순회전이 안정된다. 이 순회전을 지속하려는 것이 관성의 법칙이다.

이렇게 보면 수평 적도 타법은 관성의 법칙에 의해 방향성이 좋아지므로, 먼 곳의 컵을 향해 볼을 강하게 칠 때 적당한 방법이라고 할 수 있다.

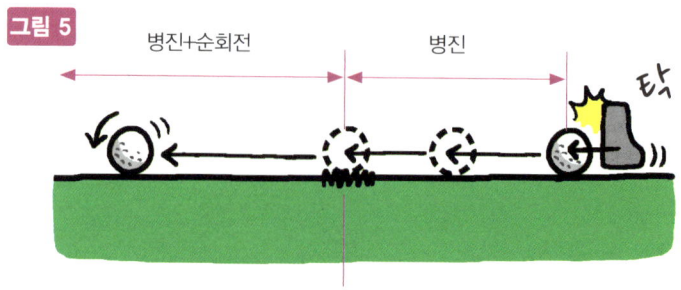

그림 5

병진+순회전 　 병진 　 탁

마찰력이 발생해 볼이 회전하기 시작한다

비법의 정리

수평 적도 타법은 볼이 잘 구르지 않고 튀어오르기도 하지만, 컵이 먼 곳에 있을 때는 방향성이 좋다.

4-5 순회전 타구의 비법

▶ 비법의 기본

그림 1처럼 지면에 비스듬한 적도면을 생각해 보자. 이때 비스듬한 적도면의 약간 위쪽(북극 쪽)을 치는 것이 순회전 타법이다. 순회전 타법은 임팩트할 때 헤드의 궤도를 약간 위로 들어올리며 치는 것이 포인트이다. 이 타법은 볼의 병진운동과 회전운동의 속도가 일치하므로 볼에 불필요한 마찰이 생기지 않는다.

이러한 타법을 여기에서는 5분의 2 타법이라고 부르자. 그 이유는 뒤에서 설명하겠다.

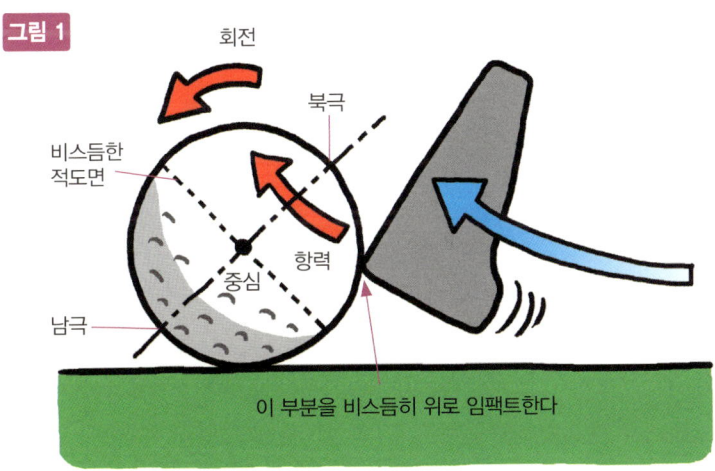

순회전 타법은 5분의 2 타법을 말한다

▶ **비법의 설명**

이 경우 헤드에 맞는 부분은 적도가 아니기 때문에 앞서 설명한 수평 적도 타법과는 전혀 다르다. '수평 적도 타법으로도 순회전을 일으킬 수 있다.'고 말하는 골퍼도 있지만, 이는 잘못된 상식이다.

그림 1에서 알 수 있듯이 순회전 타법에서는 헤드가 미는 힘의 방향이 중심을 향하지 않는다. 따라서 이 힘(항력)은 중심의 주변으로 볼을 회전시킨다. 한편 이 힘은 비구선 방향을 향하기 때문에 앞으로 나아가는 병진운동도 만들어낸다.

여기서 극단적인 두 가지 경우를 생각할 수 있다.

첫째는 임팩트 점이 적도에 가까운 경우이다. 이때는 항력이 거의 중심 방향을 향하기 때문에 회전은 거의 일어나지 않는다. 즉 병진운동만 일어나게 된다.

둘째는 임팩트 점이 북극점에 가까운 경우이다. 이때는 중심 주위의 회전이 커져, 회전운동이 우세해진다.

따라서 위의 두 가지 극단적인 경우의 중간점(적도면으로부터 북극을 향하는 반지름에서 적도면에 가까운 5분의 2 지점)을 임팩트했을 때만 순회전이 일어나는 것이다.

▶ **비법의 과학**

여기에서는 5분의 2의 근거를 설명하겠다.

필자가 쓴 역학 교과서《시메스터 물리 역학》에 의하면 물체의 회전각속도인 ω(오메가)의 변화율과, 힘의 모멘트 N과의 사이에는 비례관계(운동방정식)가 있다.

$$I\frac{d\omega}{dt}=N$$

여기에서 I는 물체의 관성모멘트이다. 질량 분포가 모두 동일한 질량 M, 반지름이 a인 볼의 관성모멘트는 다음과 같다.

$$I=\frac{2}{5}a^2M$$

이때 볼의 중심에서 북극을 향해 r만큼 떨어진 부분을 쳤다고 하자. 이때 힘의 모멘트는,

$$N=rF\ (F\text{는 힘의 크기})$$

가 되므로, 앞의 운동방정식은 다음과 같다.

$$\frac{2}{5}a^2M\left(\frac{d\omega}{at}\right)=rF$$

여기서 $a\omega$가 회전속도이기 때문에 위의 식은 양변에 a를 곱해서 다음과 같이 된다.

$$\left(\frac{2}{5}a^2M\right)(\text{회전속도의 변화율})=arF$$

한편 이 경우 병진운동의 운동방정식은, 회전속도의 변화율이 병진속도의 변화율이 되기 때문에 다음과 같이 쓸 수 있다.

$$\left(\frac{2}{5}a^2M\right)(\text{병진속도의 변화율})=arF$$

그런데 병진운동에 관해서는, 다음과 같은 일반적인 운동방정식

$$M(\text{병진속도의 변화율})=F$$

이 성립하므로, 이 두 가지 식에서 다음과 같은 식을 얻을 수 있다.

$$\frac{2}{5}a^2 = ar$$

이로써 $r = \frac{2}{5}a$라는 결론을 얻을 수 있다.

비법의 정리

퍼터 스윙에 자신이 없는 사람에게는 반진자 스윙과 5분의 2 타법을 권한다. 볼의 오른쪽에 헤드를 위치시키고 위쪽으로 띄운다는 느낌으로 친다.

제 4 장 참 고

1 순회전 타법의 실험

'순회전 타법'이 뛰어난 타법임을 실험으로 확인해 보자. 아침 이슬이 맺혀서 잔디와의 마찰이 심해지는 날을 골라 통상적인 수평 적도 타법과 순회전 타법의 방향성을 비교했다.

실험한 길이는 3m로, 위 두 가지 타법에 각각 70회씩, 총 140회를 측정했다.

이슬이 맺힌 그린에 볼을 3m 굴리고, 좌우로 벗어난 크기를 cm 단위로 측정했다. 각 타법으로 70회씩 측정한 후 볼이 벗어난 크기를 그래프로 나타내면, 그림 1과 같은 가우스곡선^{Gaussian curve}에 가까워진다.

이 가우스곡선에서 불룩 튀어나온 부분의 좌우 폭은 볼이 벗어난 크기의 평균치가 된다.

다시 말해, 이 폭이 작을수록 볼이 벗어난 정도도 작은 셈이다. 이 폭을 **반치폭**이라고 한다. 반치폭은 볼이 벗어난 정도의 평균을 반영한다.

결과는 다음과 같다.

타법	볼이 벗어난 정도의 평균
수평 적도 타법	2.1cm
순회전 타법	1.7cm

위의 결과로 이번 장에서 설명한, 순회전을 위한 5분의 2 타법이 뛰어난 타법임을 알 수 있다.

그림 1

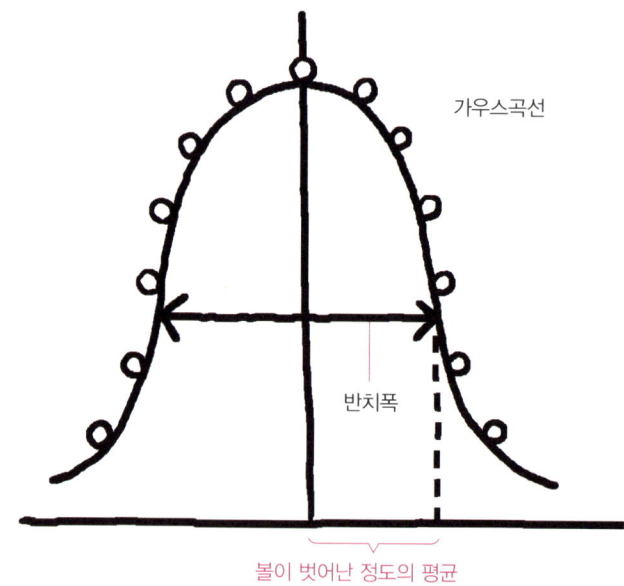

좌우로 볼이 벗어난 크기를 나타낸 그림

2 일류 프로 선수의 순회전 타법

미국 PGA투어의 일류 선수는 어떤 타법을 구사하고 있을까? 실제로 텔레비전 중계 토너먼트를 살펴보면서 각 선수가 홀마다 어떤 타법을 썼는지 조사했다.

2009년 '소니 오픈 인 하와이Sony Open in Hawaii' 토너먼트로 작성한 통계를 보면, 3일간의 토너먼트에서 퍼팅 모습이 중계된 장면 가운데 타법을 확실하게 알아차릴 수 있는 경우는 총 91회였다. 그 중 63회는 분명히 5분의 2 타법을 구사했고, 수평 적도 타법도 16회나 사용되고 있었다. 그리고 어느 쪽이라고도 판정하기 어려운 타법이 나머지 12회였다.

이것을 봐도 미국 PGA투어의 일류 선수 대부분이 순회전 타법인 5분의 2 타법을 구사한다는 사실을 알 수 있다.

제 5 장
퍼터 선택의 비법

5-1 T자형 플레이트와 L자형 플레이트의 선택

▶ **비법의 기본**

우선 그림 1을 보자. 이것은 가장 단순한 헤드로 쇠망치의 머리만 판형으로 바꾸면 플레이트형 퍼터가 된다. 샤프트 축이 중간에 붙은 T자형 플레이트와 샤프트 축이 끝 부분에 붙은 L자형 플레이트가 있다(그림 2).

뒤에서 설명하겠지만, T자형 플레이트는 아마추어가 사용하기에 적합하지 않다. L자형 플레이트도 방향성이 나쁘기 때문에 권하기 어렵다.

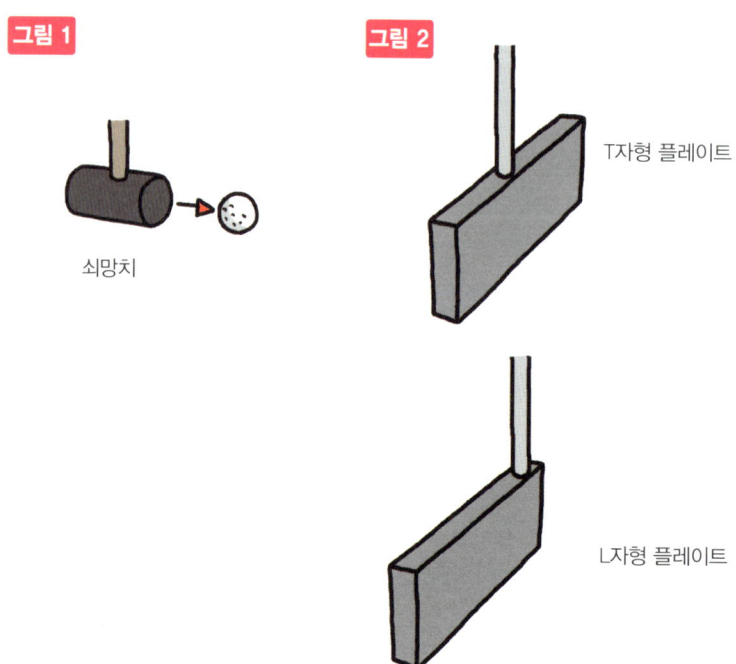

그림 1 — 쇠망치

그림 2 — T자형 플레이트 / L자형 플레이트

▶ 비법의 설명

퍼터 선택의 기준은 방향성이다. 퍼터를 선택할 때 생각해야 할 것이 거리감과 방향성인데, 거리감은 잔디의 상태에 따라 크게 달라지기 때문에 상대적으로 덜 중요하다. 그러므로 퍼터를 선택할 때는 방향성을 기준으로 골라야 한다.

방향성이 흐트러지는 경우는 크게 두 가지이다.

첫째는 스윙 도중이나 임팩트할 때 방향이 빗나가는 경우이다. 스윙 도중이나 임팩트할 때 그립과 신체에 불필요한 힘이 가해져서 헤드의 방향, 즉 샤프트 축이 틀어진 채 회전해 버리는 것이다(그림 3).

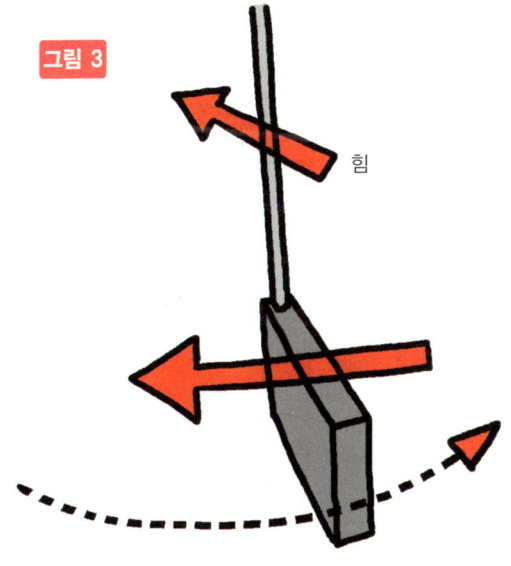

그림 3

힘

스윙 도중에 부자연스러운
힘에 의해 면이 틀어진다

둘째는 임팩트의 충격이 고르지 않게 가해져 헤드의 방향이 바뀌어버린 경우이다. 샤프트 축이 단단해서 어떤 힘이 가해지든 잘 틀어지지 않는 클럽은 방향이 쉽게 바뀌지 않는다. 이렇게 불규칙한 회전이 쉽게 발생하지 않는 것을 관성모멘트라고 한다.

사실 플레이트형은 이러한 관성모멘트가 작고 방향이 잘 틀어진다. 그러나 플레이트의 한가운데에서 임팩트했을 때 T자형은 플레이트의 회전에 충격이 적어 유리하다. 그러므로 L자형 플레이트가 가장 치기 어렵다고 볼 수 있다(그림 4).

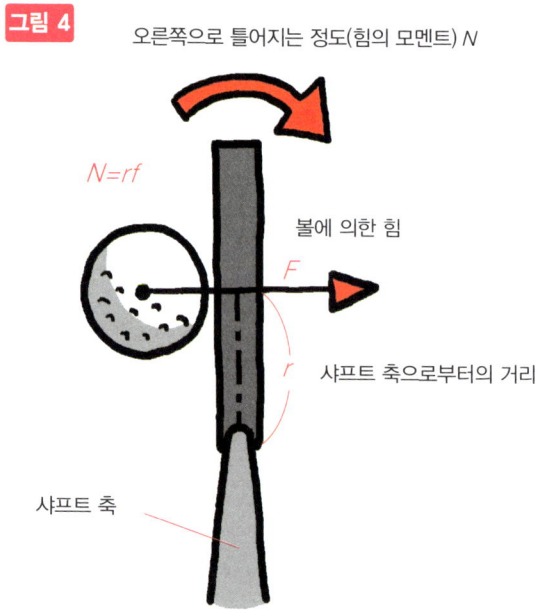

그림 4

오른쪽으로 틀어지는 정도(힘의 모멘트) N

$N=rf$

볼에 의한 힘

F

샤프트 축으로부터의 거리

r

샤프트 축

▶ 비법의 과학

축이 긴 팽이를 비틀어서 돌려보자. 테두리에 금속 추를 단 팽이는 잘 돌아가지 않는다는 사실을 알 수 있다(그림 5).

그림 5

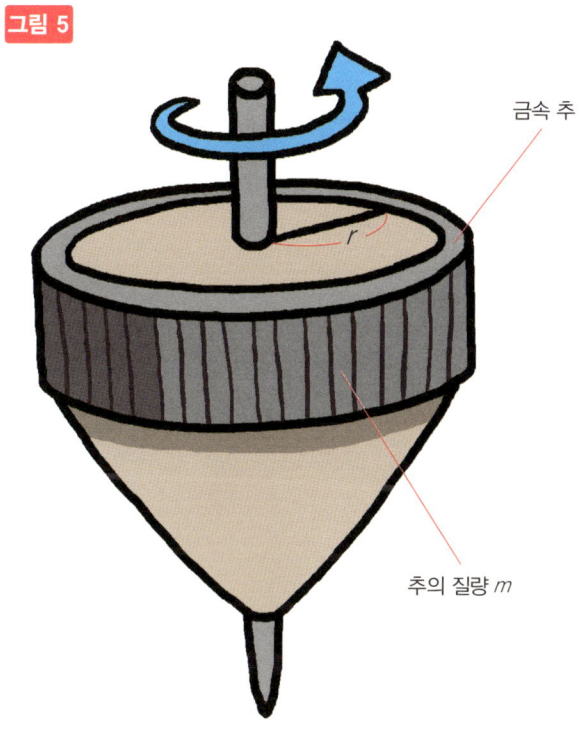

즉, 테두리의 추는 팽이를 잘 돌아가지 않게 만든다. 이 추의 질량을 m, 축으로부터의 거리(반지름)를 r이라고 하면 추의 관성모멘트는 'm에 r의 제곱을 곱한 것'이라고 정의할 수 있다.

다시 말해 관성모멘트 I는 추 때문에 다음과 같이 증가한다.

$$I=mr^2$$

관성모멘트는 물체의 질량에 의존하지만, 중요한 것은 그 질량이 축으로부터 최대한 먼 곳에 분포해야 한다는 사실이다. 이러한 의미에서 자전거 바퀴는 관성모멘트가 커지도록 한 가장 이상적인 설계다(사진).

사진

L자형 플레이트로 페이스의 한가운데 부근을 임팩트하면, 그림 4처럼 그 지점이 축으로부터 멀어질수록 헤드가 기울어지기 쉽다.

이 기울어짐은 가해지는 힘이 강할수록, 그리고 축과 임팩트 포인트가 떨어져 있을수록 커진다.

즉, 페이스는 힘과 거리에 비례해서 비틀어진다. 힘 F와 거리 r을 곱한 것을 힘의 모멘트 N이라고 한다. L자형 플레이트는 플레이트의 중심이 샤퍼트 축과 떨어져 있어서 힘의 모멘트가 크기 때문에 사용을 권하기 어렵다. 길이 $2a$, 질량 M인 T자형 플레이트의 경우는 관성모멘트가 $\frac{Ma^2}{3}$이 된다.

비법의 정리

기본적으로 플레이트 형의 퍼터는 사용을 권하기 어렵다. 특히 L자형 플레이트의 퍼터는 피해야 한다.

5-2 말렛형과 핀형 선택의 비법

▶ **비법의 기본**

두껍고 불룩한 말렛형(그림 1)과 토와 힐에 중량을 더한 핀형(그림 2, 사진)은 모두 전형적인 퍼터이다.

이 가운데 핀형은 관성모멘트가 커서 대체적으로 많이 선택한다.

그림 1

퍼터 선택의 비법 제5장

그림 2

사진

핀형 퍼터의 예.
사진은 'NCX-PLY Type-10'

사진 제공 : SRI스포츠

111

▶ **비법의 설명**

말렛형은 불룩한 형태이기 때문에 그림 3과 같이 반원형에 가까운 것도 있다.

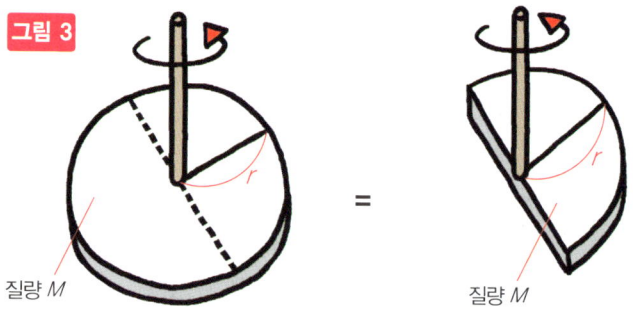

그림 3

질량 M

원반의 중심에 샤프트 축이 있다고 하면, 그 관성모멘트는 원반의 관성모멘트와 같다.

질량이 M이고 반지름이 a일 때 원반의 관성모멘트 I는 다음과 같다.

$$I = \frac{1}{2}Ma^2$$

즉, 질량 M인 질점의 회전 관성모멘트의 반이 된다(그림 4).

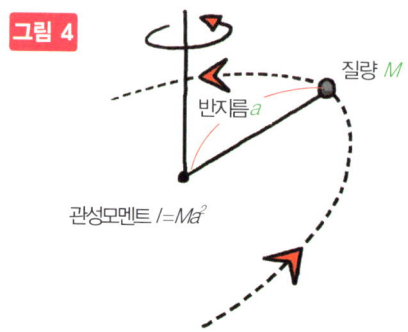

그림 4

질량 M
반지름 a
관성모멘트 $I = Ma^2$

원반을 반으로 분할해도 질량이 M 그대로이면, 반원반의 관성모멘트는 원래의 원반과 변함이 없다.

그 다음으로 편형 관성모멘트를 생각해 보자. 축으로부터 a만큼 떨어진 거리에 질량 M이 모두 집중되어 있다고 하면, 그 관성모멘트 I는 다음과 같다.

$$I = Ma^2$$

물론 이것은 극단적인 경우이다. 질량의 반이 토와 힐 양쪽에 집중되어 있다고 하면 관성모멘트는 다음과 같다.

$$I = \frac{4}{6}Ma^2 = \frac{2}{3}Ma^2$$

역시, Ma^2에 충분히 가깝다.

그림 5

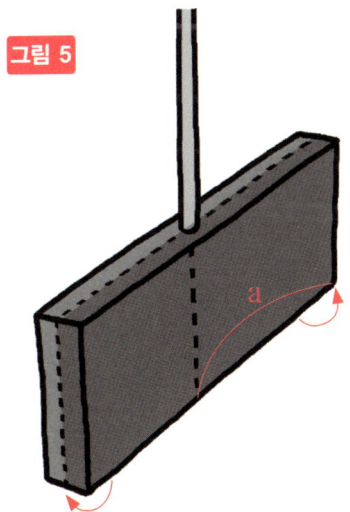

플레이트의 반을 양끝으로 가져온다고 가정하면,

관성모멘트 $I = I' + I^2$

$= \frac{M}{2}a^2 + \frac{1}{3}\left(\frac{Ma^2}{2}\right)$

$= \frac{4}{6}Ma^2 = \frac{2}{3}Ma^2$

다시 말해 핀형은 말렛형보다 관성모멘트가 상당히 크다. 관성모멘트가 두 배가 되면 방향성의 흐트러짐은 반으로 줄어든다.

▶ **비법의 과학**

회전축으로부터 a만큼 떨어진 위치에 질량 M인 추가 있는 경우, 회전에 저항하는 정도, 즉 관성모멘트 I는 다음과 같다.

$$I = Ma^2$$

이 질량이 절반이 되어 a만큼 떨어진 토와 힐에 각각 배치되어도 관성모멘트는 동일하다. 핀형에서 모든 질량이 토와 힐에 배치되어 있다고 보면 위의 식과 같이 된다.

한편 절반의 질량이 토와 힐 쪽에, 다른 절반의 질량이 플레이트에 있다면 어떻게 될까?

우선 토와 힐에 배치된 질량에 의한 관성모멘트 I_1은 다음과 같다.

$$I_1 = \frac{M}{2} a^2$$

또한, 나머지 플레이트의 관성모멘트 I_2는 다음과 같다.

$$I_2 = \frac{1}{3} \left(\frac{M}{3} a^2 \right)$$

결국, 핀형의 관성모멘트는 다음과 같다.

$$I = I_1 + I_2 = \frac{2}{3}Ma^2$$

마지막으로 비트는 힘 F가 가해졌을 때 헤드가 틀어지는 각도를 생각해 보자. 이 힘에 의한 모멘트 N이 시간 t만큼 작용한다고 하면, 비틀리는 각도의 변화율 A는 다음과 같다.

$$A = \frac{N}{I}t$$

이처럼 틀어지는 각도의 변화율은 관성모멘트의 크기에 반비례한다. 즉 관성모멘트 I가 커지면 헤드의 비틀림은 작아진다.

비법의 정리

퍼터는 관성모멘트(물체가 회전에 저항하는 정도)가 큰 핀형을 선택한다.

5-3 투볼형과 네오말렛형 선택의 비법

▶ **비법의 기본**

　투볼형이란 헤드 플레이트 뒤쪽에 질량이 분포하고, 그곳에 볼 모양의 하얀 원이 2~3개 배치된 퍼터이다(그림 1).

　헤드의 뒤쪽이 불룩하다는 점에서는 말렛형과 같기 때문에 **네오말렛형**이라고도 부른다. 최근 이러한 네오말렛형 디자인은 갈수록 엉뚱해지고 있다(그림 2).

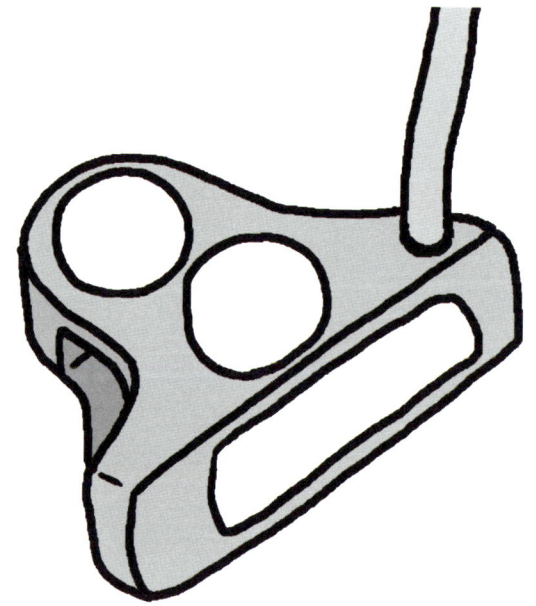

그림 1

이처럼 뒤쪽이 불룩하면 확실히 관성모멘트는 커진다. 말렛형이더라도 원에 가까운 것은 관성모멘트가 커진다는 사실을 앞에서 설명했다. 그래서 뒤쪽이 많이 튀어나올수록 방향성이 좋은 것처럼 여겨져, 엉뚱한 디자인의 네오말렛형이 유행하는 것이다.

하지만 이런 디자인은 위험하다.

헤드의 뒤쪽이 너무 튀어나와 있으면 헤드가 진자운동을 할 때 돌출부의 일부가 잔디(지면)에 스칠 우려가 있기 때문이다(그림 2).

즉, 뒤쪽이 너무 튀어나오지 않은 적당한 투볼형을 고르는 것이 좋다.

그림 2

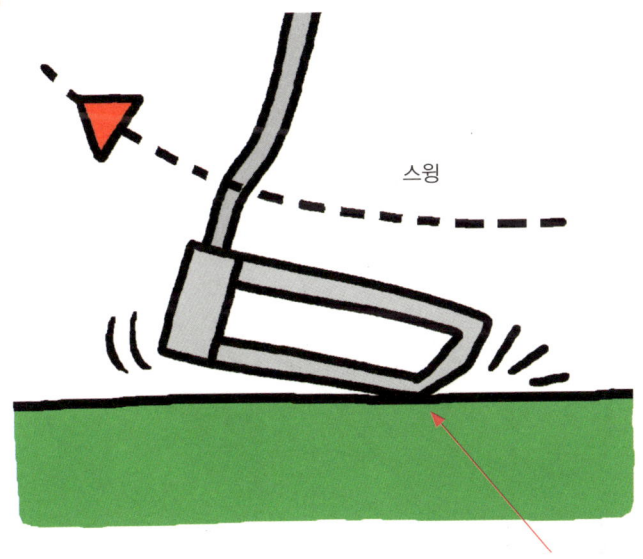

스윙

뒤쪽이 지면과 접촉

▶ **비법의 설명**

 단순히 관성모멘트가 커지기 때문만이 아니라, 심리적 혹은 인간공학적 효과 때문에 투볼형을 추천하는 사람도 있다. 볼을 친 뒤에 하얀 볼의 잔상이 남기 때문에 스윙하기 쉽다는 것이다. 그러나 이러한 효과가 정말 있는지는 알 수 없다.

 뒤쪽에 구조물을 배치하면 관성모멘트가 커진다는 사실은 이미 알았을 것이다. 그러면 질량의 절반이 뒤쪽으로 이동한 경우에 관성모멘트는 어떻게 될까?

 간단히 이해할 수 있도록 반지름이 a인 사각형 형태의 네오말렛형 퍼터가 있다고 가정해 보자. 이때 페이스의 플레이트에는 총 질량 M의 절반을 남겨두고, 나머지 $\frac{1}{2}M$을 뒤쪽으로 가져온다(그림 3의 A).

그림 3

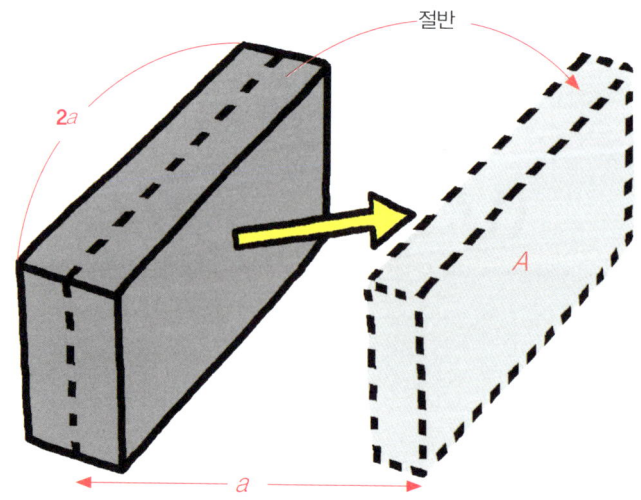

그러면 A 부분에 의한 관성모멘트 I_A는 다음과 같다.

$$I_A = \frac{1}{3}\left(\frac{1}{2}Ma^2\right) + \frac{Ma^2}{2} = \frac{2}{3}Ma^2$$

원반의 관성모멘트인 $\frac{1}{2}Ma^2$과 비교하면 얼마나 큰지 알 수 있다. 다만, '뒤쪽의 불룩한 구조물이 뒤로 물러날수록 관성모멘트가 커진다.'고 해도 한없이 크게 만들 수는 없는 노릇이다. 팔로스윙을 할 때 그림 2처럼 진자운동 도중에 뒤쪽의 돌출부가 잔디나 지면에 닿을 수도 있기 때문이다.

▶ **비법의 과학**

우선 위에서 나온 I_A를 계산해 보자. 이것을 계산하기 위해서는 평행회전축의 정리가 필요하다.

그림 4처럼 회전축 주위의 관성모멘트가 I였을 때, 그곳으로부터 a만큼 떨어진 평행한 회전축 주위의 관성모멘트 I'는 다음과 같다.

$$I' = I + Ma^2$$

따라서 질량 $\frac{M}{2}$인 플레이트형의 관성모멘트 I는 다음과 같다.

$$I = \frac{1}{3} \cdot \frac{M}{2}a^2$$

그러면 A 부분의 관성모멘트 I'는 다음과 같다.

$$I' = \frac{1}{6}Ma^2 + \frac{Ma^2}{2} = \frac{2}{3}Ma^2$$

여기에 원래 플레이트 부분의 관성 모멘트 를 더하면 다음의 값을 얻을 수 있다.

$$\frac{5}{6}Ma^2$$

그림 4

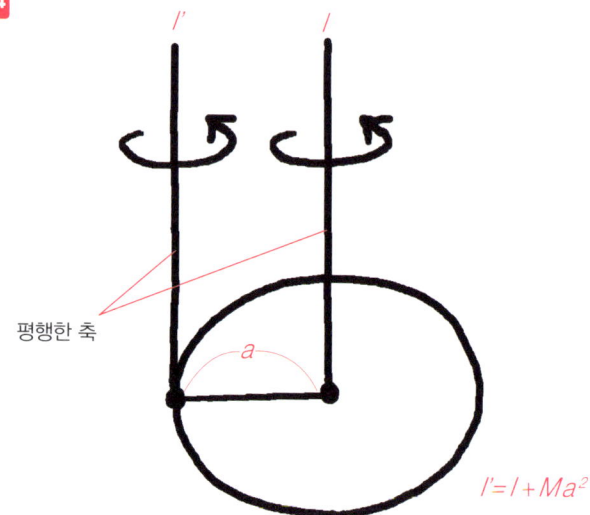

평행한 축

$I'=I+Ma^2$

비법의 정리

투볼형이나 네오말렛형의 퍼터를 선택할 때는 뒤쪽이 지나치게 튀어나오지 않은 것을 고른다.

퍼터 선택의 비법 제5장

5-4 넥퍼스트형을 구사하는 비법

▶ **비법의 기본**

넥퍼스트형이란, 그림 1과 사진처럼 넥이 앞쪽으로 구부러져 샤프트 축이 헤드 페이스보다 앞으로 나온 퍼터를 말한다.

그림 1

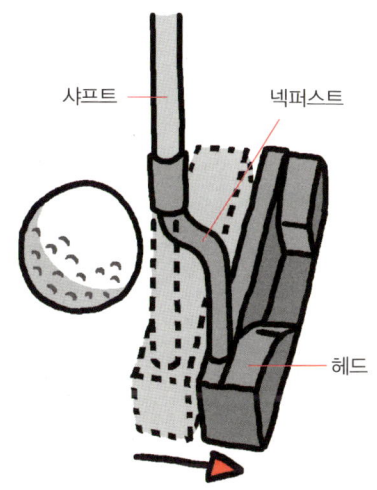

샤프트 — 넥퍼스트 — 헤드

헤드가 샤프트보다 뒤에 있다

사진

넥퍼스트형 퍼터의 예.
사진은 'NCX • RAY TAU'

사진 제공 : SRI스포츠

이것은 사실상 헤드가 샤프트 축보다 뒤로 이동한 것으로, 그만큼 관성 모멘트는 커진다. 즉, 바람직하고 이상적인 형태라고 할 수 있다.

하지만 약점도 있다. 넥퍼스트형은 페이스가 샤프트 축보다 뒤쪽에 있기 때문에 임팩트가 늦다(그림 2).

그림 2

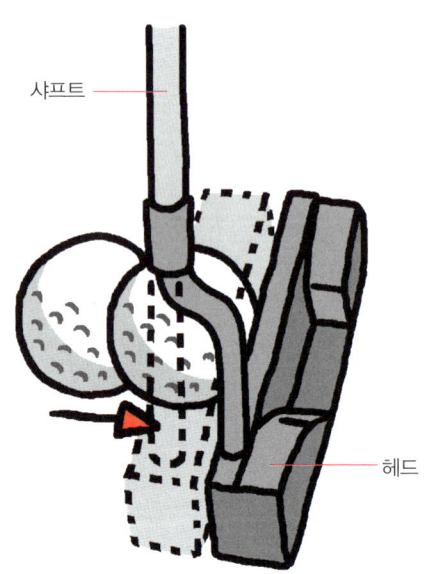

헤드가 샤프트보다 뒤쪽에 있기 때문에
볼이 늦게 임팩트된다

이렇게 늦게 임팩트되면 팔로스윙의 흔들림이 헤드의 흔들림으로 나타날 수 있다. 이것을 피하기 위해서는 볼이 양발의 한가운데에서 약간 오른쪽으로 이동해야 한다.

또한, 네오말렛형과 마찬가지로 진자 스윙을 할 때 뒤쪽이 지면과 접촉할 우려도 있다(그림 3).

제5장 퍼터 선택의 비법

덧붙여 슬랜트넥이라고 불리는 넥퍼스트형 퍼터도 있는데, 이것은 샤프트가 튀어나온 거리가 일반적으로 짧다. 돌출 정도가 작은 이유는 앞에서 말한 약점을 보완하기 위해서이다.

그림 3

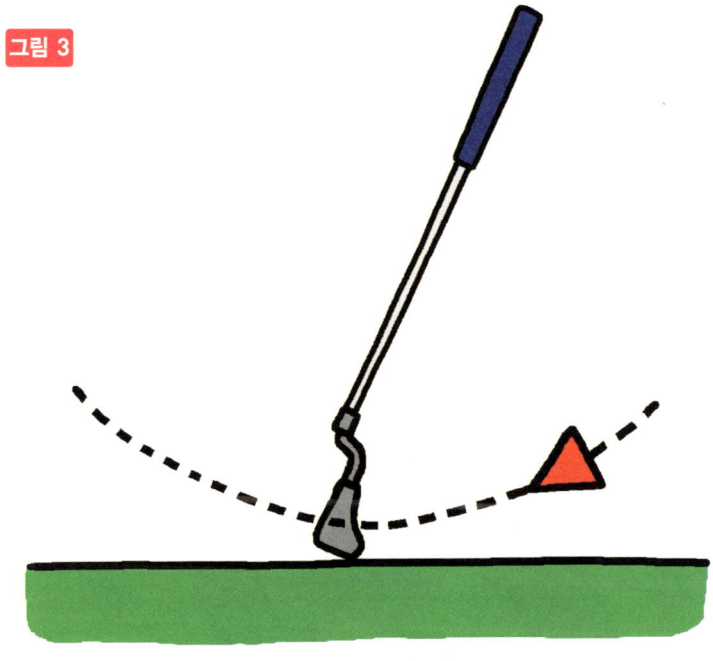

지면에 닿기 쉽다

그러면 이제 넥퍼스트형 퍼터를 능숙하게 구사하는 비법을 알아보자.

넥퍼스트형은 팔로스윙을 할 때 방향성이 흐트러지지 않는 사람에게 적합하다. 여기에 앞에서 설명한 5분의 2 스윙은 팔로스윙을 할 때 흔들림이 없기 때문에, 함께 쓰면 더욱 좋다.

▶ **비법의 설명**

넥퍼스트형 퍼터를 처음으로 손에 쥔 사람은 분명히 위화감을 느낄 것이다. 넥이 구부러져서 샤프트 축이 앞으로 튀어나와 있기 때문이다.

'왜 이렇게 이상한 형태를 하고 있을까?' 하는 의문이 들겠지만 이것은 매우 합리적이고 과학적인 형태이다.

왜냐하면 그림 1처럼 헤드가 완전히 샤프트축의 뒤쪽으로 이동해 있기 때문이다. 여기서는 '완전히'가 중요하다.

앞 절에서 설명한 네오말렛형에서는 질량의 절반은 그대로 두고, 나머지 절반만 뒤쪽으로 가져갔지만, 넥퍼스트형에서는 전부 뒤쪽으로 가져간다(그림 4).

그림 4

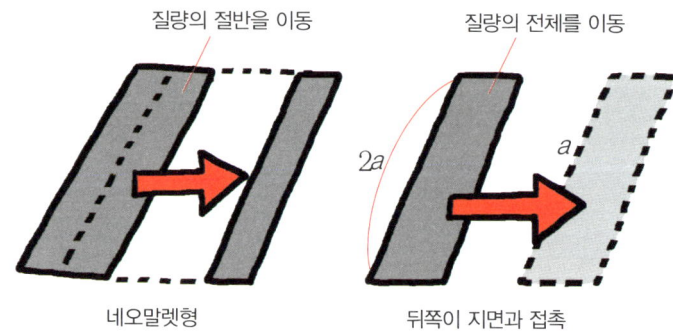

네오말렛형 / 뒤쪽이 지면과 접촉

그런데 페이스가 샤프트의 축보다 오른쪽에 있게 되면 당연히 임팩트가 늦다(그림 2). 임팩트 순간에 샤프트 축은 이미 왼쪽으로 나아간 상태가 된다. 이 상태에서는 팔과 그립이 부자연스러워져서 비틀림과 흔들림이 나타난다. 이것은 여기서의 진자운동이 단순한 진자운동이 아닌 원뿔진자운동(제4장 77페이지)이라는 것을 떠올리면 금방 이해할 수 있다.

따라서 이러한 현상을 피하기 위해서는 임팩트를 빠르게 가져갈 필요가 있다. 즉, 볼을 원래 위치보다 오른쪽으로 가져가면 된다.

넥퍼스트형의 약점으로 '페이스의 임팩트 위치가 샤프트에 가려 잘 보이지 않는다.'는 점을 지적하는 사람도 있다. 하지만 그것은 익숙함의 문제이기 때문에 조금만 연습하면 해결할 수 있을 것이다.

▶ 비법의 과학

이제 플레이트형 퍼터인, 길이 $2a$, 질량 M을 가지고 있는 헤드를 a만큼 뒤쪽으로 이동해서 넥퍼스트 형태로 만든 경우를 생각해 보자. 헤드에서 회전축인 샤프트까지의 거리를 a라고 하면 관성모멘트는 Ma^2만큼 증가한다. 여기에 원래 플레이트형의 관성 모멘트 $\frac{1}{3}Ma^2$를 더하면 다음과 같다.

$$Ma^2 + \frac{1}{3}Ma^2 = \frac{4}{3}Ma^2$$

이것은 관성모멘트가 원래 작은 플레이트형에 해당한다. 또한 앞서 설명한 편형 헤드를 넥퍼스트형으로 만들면, 관성모멘트는 훨씬 커진다.

비법의 정리

  팔로스윙을 할 때 방향성이 흐트러지지 않는 사람에게는 넥퍼스트형이 적합하다. 넥퍼스트형과 5분의 2 스윙을 조합하면 더욱 좋다.

5-5 로프트가 있는 퍼터를 사용하는 비법

▶ **비법의 기본**

페이스가 위를 향하고 있는, 이른바 '로프트가 있는 퍼터'가 일부에서 유행하고 있다(그림 1). '로프트 6도로 순회전시킬 수 있다.'고 광고하기도 한다.

그림 1

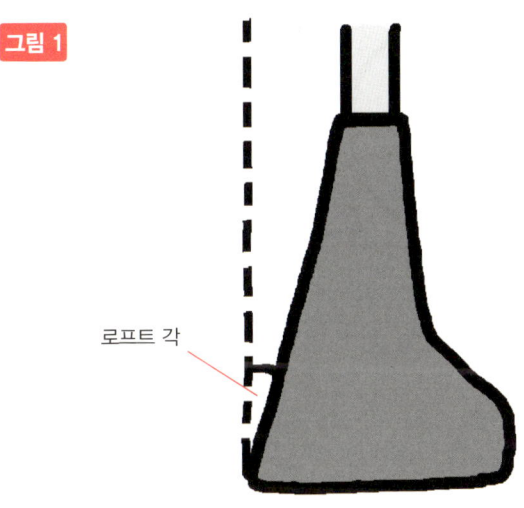

로프트 각

로프트가 있는 퍼터

로프트가 큰 퍼터로는 분명히 볼을 띄우는 느낌으로 칠 수 있다. 하지만 그렇다고 해서 반드시 순회전시킬 수 있는 것은 아니다.

로프트는 헤드의 흔들림을 줄일 수 있기 때문에 일단은 로프트가 있는 것이 좋다. 하지만 과도한 로프트는 결점이 된다. 따라서 로프트각이 큰 퍼터를 선택할 때는 10도를 넘어가지 않는 것으로 골라야 한다.

▶ **비법의 설명**

　로프트가 있으면 통상적인 방법으로 볼을 쳐도 페이스는 볼의 수평 적도면보다 아래에 치우쳐서 맞는다(그림 2). 따라서 임팩트 때 볼이 받는 충격력(항력)은 이 비스듬한 적도면의 중심(볼의 중심) 방향을 향한다.

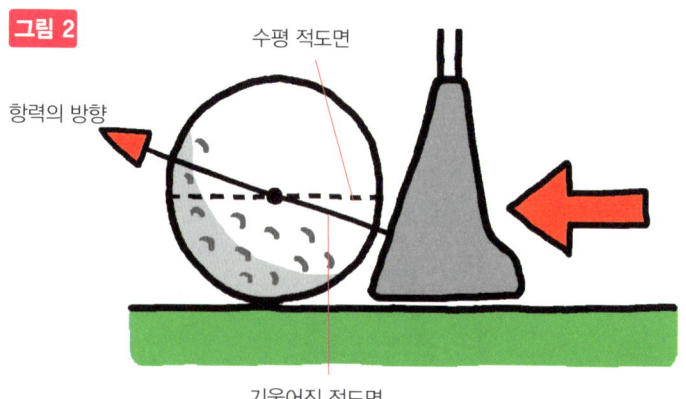

그림 2
수평 적도면
항력의 방향
기울어진 적도면

　물론 이것은 볼을 띄우는 힘을 더해주기 때문에, 볼은 위를 향해서 날아간다(그림 3). 잔디에 닿게 되어도 잔디와의 마찰력이 작아진다. 그러므로 잔디의 저항이 줄어들어 불규칙한 흔들림이 감소한다.

그림 3
볼은 위쪽을 향해 튀어 나간다

그러나 '이것이 순회전(4-5 참조)으로 연결된다.'는 말은 잘못되었다. 순회전은 4-5에서 설명했듯이 5분의 2 타법으로 쳤을 때에만 실현되기 때문에 헤드의 로프트와는 관계없다. 다만 로프트가 있는 퍼터는 그 형태로 인해 5분의 2 타법을 치기 쉬울 뿐이다.

그리고 로프트가 크면 스윙할 때 흔들림의 영향이 적어질 가능성도 있다. 샤프트가 일정한 각도로 비틀리면, 당연히 페이스도 그 각도만큼 비틀린다. 그러나 이것이 로프트가 있는 퍼터로 친 것이라면 그 '로프트각의 cos(코사인)'만큼 각도의 비틀림을 억제할 수 있다. 이 값은 로프트각이 6도일 때 0.6% 정도이다.

▶ **비법의 과학**

그림 4에서 볼 수 있듯이, 어떤 방향으로 치든지 그때의 충격력(항력)이 볼의 중심을 지나는 경우에는 볼에 회전이 걸리지 않는다. 따라서 로프트각이 있어도 순회전이 되지 않는 것이다.

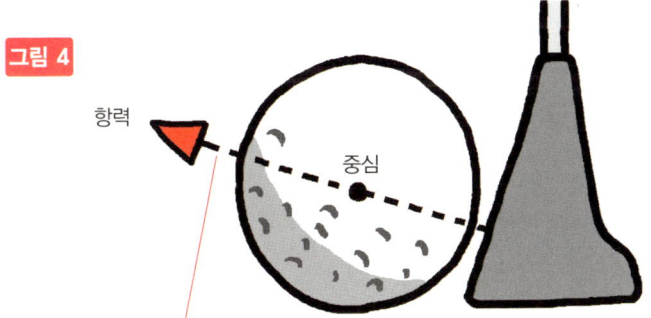

그림 4

항력
중심

중심을 지나는 항력에 의해
볼은 회전하지 않는다

그러나 그림 5에서 볼 수 있듯이, 헤드가 임팩트 직전에 위쪽으로 지나면 항력과 헤드의 운동 방향에 차이가 발생하고, 그 차이에 의해 볼은 페이스 위에서 미끄러지며 볼의 회전을 발생시킨다. 이 회전 때문에 순회전이 일어나기 쉬워진다.

그림 5

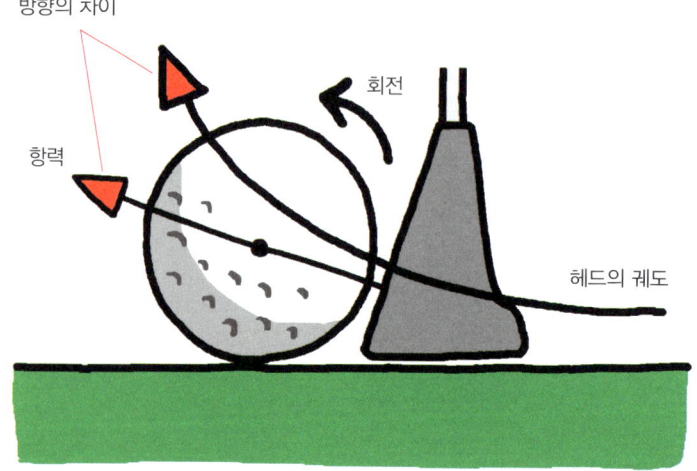

그런데 지금 스윙하는 도중에 샤프트의 방향이 각도 A만큼 틀어졌다고 하자. 이때 로프트각이 0도인 경우에는 볼을 때리는 방향도 A만큼 틀어지게 된다.

하지만 로프트각이 B인 경우에는 어떻게 될까? 페이스가 틀어지는 각도는 $\cos B$만큼 줄어든다. 즉, 볼을 때리는 각도의 비틀림은 $A\cos B$가 된다. 물론 $B=0$일 경우에는 $\cos B$가 1이기 때문에 볼을 치는 각도는 A와 동일하다.

그러나 로프트각 B가 매우 커져서 거의 90도라고 한다면, $\cos B$는 0이 된다. 즉, 볼을 때리는 방향이 틀어지는 정도는 0이다. 이런 식으로 $\cos B$의 값을 구해 보면 다음과 같다.

$$\cos 3 = 0.998 \quad \cos 6 = 0.994 \quad \cos 9 = 0.987 \quad \cos 12 = 0.978$$

비법의 정리

로프트가 있는 퍼터를 쓴다고 순회전되는 것은 아니다. 로프트각이 너무 큰 퍼터는 선택하지 않는 것이 좋다.

5-6 특이한 디자인의 퍼터를 구사하는 비법

▶ **비법의 기본**

넥이 약간 특이한 퍼터 가운데 스완형이 있다. 이것은 샤프트와 넥이 백조의 목과 닮았다고 해서 붙여진 이름이다(그림 1).

그림 1

스완형

이와는 달리 구스넥형도 있다. 이것은 거위의 목덜미와 비슷하게 구부러진 퍼터이다.

그런데 골프계에서는 이러한 명칭이 다소 혼동되고 있어서 넥퍼스트형을 구스넥형이라고 부르기도 한다. 따라서 여기에서는 구스넥형을 제외하고 스완형만을 살펴보겠다. 스완형은 그림 1처럼 샤프트에서 넥까지 부드러운 곡선 형태이기 때문에 볼을 치는 페이스까지 어색함 없이 휘두르기 쉽다는 의견도 있다.

특이한 디자인의 퍼터 중에 장척 퍼터도 빼놓을 수 없다.

이것은 샤프트의 위쪽 끝을 왼손으로 잡아 가슴과 목에 대고 고정시킨 뒤, 오른손의 세 손가락으로 스윙한다. 이러한 자세는 헤드의 불규칙한 흔들림을 방지할 수 있다(그림 2).

그림 2

왼손으로 윗부분을 고정한다

오른손은 꽉 잡지 않고 살짝 쥐는 정도로

그리고 필자가 개발한 미스터리 서클 퍼터(사진)도 소개하고자 한다. 이것은 넥에 링을 단 것으로 수많은 퍼터 중에서 관성모멘트가 가장 크다.

사진

넥에 링이 달린
미스터리 서클 퍼터

▶ **비법의 설명**

스완형 퍼터는 심리적, 인간공학적인 효과를 제외하면 샤프트가 스완형이어야 할 이유가 딱히 없는 퍼터다.

이에 비해 장척 퍼터는 이론상 우수한 점이 있다. 샤프트의 한쪽 끝이 고정되기 때문에 보통의 퍼터를 썼을 때 생길 수 있는 불규칙한 움직임이나 흔들림을 예방해 준다는 점이다.

물론 오른손으로 쥔 부분에서는 불규칙한 움직임이 발생할 수 있지만, 오른손은 꽉 잡는 것이 아니라 살짝 쥐는 정도이기 때문에 불규칙한 힘이 들어가기 어렵다.

다만, 장척 퍼터의 단점은 장거리 샷에 있다. 오른손에 힘을 넣으면, 손가락 세 개로 실시하는 단순한 좌우 스윙이 흐트러지고 만다. 또한, 가지고 다니기 불편하다는 것도 하나의 단점일 수 있다.

제5장 퍼터 선택의 비법

 미스터리 서클 퍼터는 사진처럼 무거운 링이 넥 위쪽에 붙어 있기 때문에 링의 최대 관성모멘트가 더해진다. 퍼팅 연습용으로 사용하면 방향성 좋게 임팩트하는 훈련으로 효과를 볼 수 있다.

▶ **비법의 과학**

 왼손으로 장척 퍼터의 위쪽 끝을 가슴에서 목까지 고정시킨다고 해도, 가슴은 몸의 흔들림과 함께 불규칙하게 운동하기 때문에 그립의 불규칙한 움직임과 같을 거라고 생각하는 사람도 있을 것이다.

 하지만 그렇지 않다.

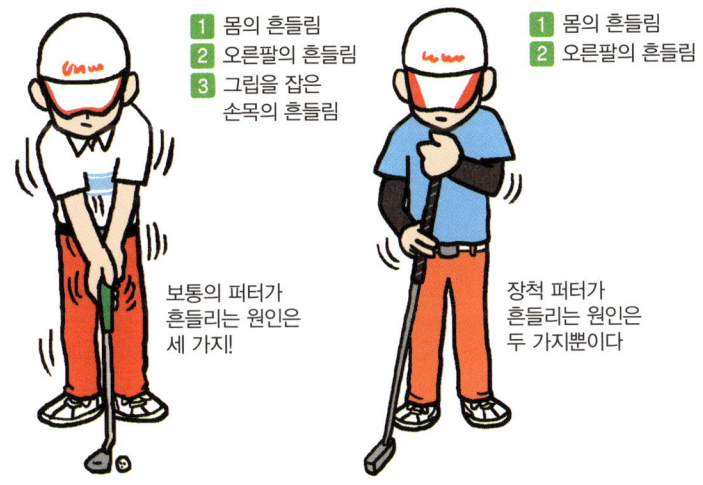

그림 3

1 몸의 흔들림
2 오른팔의 흔들림
3 그립을 잡은 손목의 흔들림

보통의 퍼터가 흔들리는 원인은 세 가지!

1 몸의 흔들림
2 오른팔의 흔들림

장척 퍼터가 흔들리는 원인은 두 가지뿐이다

 보통의 퍼터는 몸의 불규칙 운동 외에 팔의 불규칙 운동과 그립을 잡은 손목의 불규칙 운동까지 추가된다. 따라서 보통의 퍼터로 샷을 할 때는 몸, 팔, 손목 등 적어도 세 군데에서 불규칙한 흔들림이 발생한다.

한편, 장척 퍼터는 몸의 불규칙 운동과 오른팔의 불규칙 운동이라는 두 가지의 불규칙 운동밖에 없다. 오른쪽 손목은 고정되어서 세 개의 손가락만으로 샤프트를 쥐고 있기 때문이다. 팔을 좌우로 움직이는 것도 단순한 움직임이다. 이처럼 움직이는 포인트의 수가 적으면 불규칙 운동도 잘 발생하지 않는다.

비법의 정리

스완형을 사용해야 하는 특별한 이유는 없다. 아마추어라면 특수하게 보이는 장척 퍼터 등을 적극적으로 테스트해 보는 것도 좋다.

제 5 장 참고

1 플레이트형과 핀형

'플레이트형에 비해 핀형은 관성모멘트가 크고 방향성이 좋다.'

이 사실을 실험으로 확인해 보자.

실험에 사용한 클럽은 구형 플레이트 퍼터와 역시 낡은 핀형 퍼터이다. 퍼팅 연습기의 컵으로부터 2.6m 떨어진 곳에서 각 클럽을 사용해서 100회씩 치고, 각 결과를 비교했다.

이때 컵을 종이로 막고, 그 자리에는 볼이 벗어난 정도를 측정하기 위해 자를 그려넣었다(그림). 흰 선의 중심에서 벗어난 정도를 cm 단위로 측정하여 그 평균을 구했다.

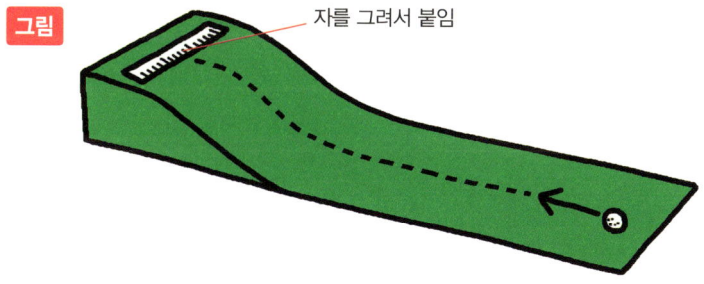

그림 자를 그려서 붙임

이때 평균은 반치폭(제4장 참고)이라는 값이다. 반치폭을 계산하는 방법은 복잡하고, 전문적인 지식이 필요하므로 생략한다.

그 결과는 다음과 같다.

퍼터의 종류	반치폭(볼이 벗어난 정도의 평균)
플레이트형	2.6cm
핀형	1.4cm

반치폭이 작은 쪽이 방향성이 좋은 것이므로, 핀형이 더 뛰어나다는 사실을 알 수 있다.

2 로프트가 있는 퍼터

앞에서 설명했듯이, 최근에는 페이스에 로프트가 있는 퍼터도 주목받고 있다. 그래서 여기에서는 로프트 0도, 로프트 3도, 로프트 6도의 퍼터로 각각의 반치폭을 측정하고, 실제 방향성을 조사했다.

로프트 0도
로프트 3도
로프트 6도

다만 이 경우에 퍼팅 연습기를 사용하면 부드러운 인공 잔디 때문에 차이가 거의 나지 않으므로, 실제 골프장의 연습용 그린에서 실험을 실시했다. 길이 2.8m의 코스에서 실험하여 다음과 같은 결과를 얻었다.

로프트각	반치폭
0도	2.6cm
3도	2.4cm
6도	2.6cm

이 실험의 오차는 0.3cm 정도로, 이 실험 결과를 보면 큰 의미가 없음을 알 수 있다. 즉 과도한 로프트가 필요하지 않다는 결론이다.

제 6 장
그린을 정복하는 비법

6-1 잔디결을 읽는 비법

▶ **비법의 기본**

그린의 잔디가 밝게 빛나면 '순결', 반대로 어두우면 '역결'이다. 그러나 이것은 태양의 위치에 따라 항상 변하기 때문에 잘 들어맞지 않는다.

산에서 바다 방향이면 순결, 바다에서 산 방향이면 역결이라고 추측하는 방법도 있다(그림 1). 하지만 이것도 장소에 따라서, 잔디의 종류에 따라서 크게 달라진다.

그림 1

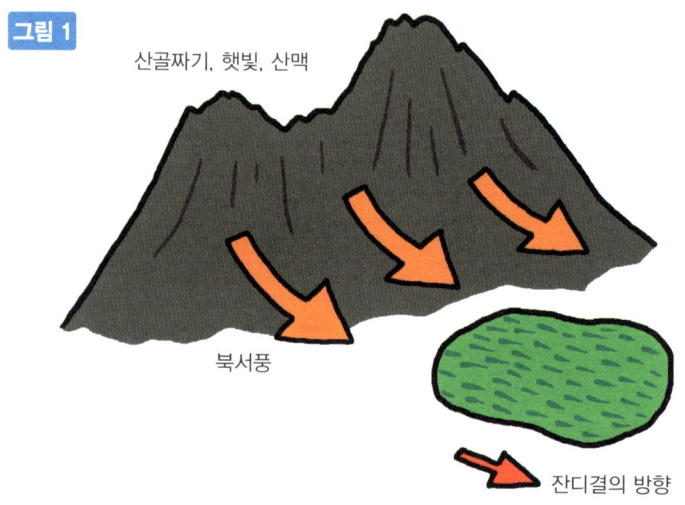

산골짜기, 햇빛, 산맥

북서풍

잔디결의 방향

결국 가장 중요하면서도 효과적으로 잔디결을 판단하는 방법은 바로 잔디가 쓰러져 있는 방향을 '직접 관찰'하는 것이다.

"그게 눈에 보일 턱이 없지 않은가!"라는 항의를 받을지도 모르겠다. 당연히 위에서 슬쩍 훑어보는 것만으로는 잔디 하나하나가 쓰러져 있는 방향을 확실히 알 수 없다.

그린을 정복하는 비법 **제6장**

잔디를 읽는 비법이 바로 여기에 숨어 있다.

그린에 쭈그려 앉아서 퍼터의 페이스를 잔디 위에 세운다. 그리고 페이스 끝에서 쓰러진 잔디의 방향을 본다(그림 2). 페이스의 앞쪽에 잔디의 뿌리가 있다면 역결이다. 이런 식으로 잔디가 어느 쪽으로 쓰러져 있는지 확실히 알 수 있다.

그림 2

위에서 헤드로 잔디를 눌렀을 때,

잔디의 뿌리가 보인다!

▶ **비법의 설명**

이 방법을 볼과 컵 사이에서 하게 되면 경우에 따라서는 '잔디의 상태를 헤드로 눌러서 수정한다.'고 여겨져서 규칙 위반이 될 수 있다.

그래서 이 방법은 '볼의 바깥쪽'에서만 실시해야 한다. 즉, 그림 3처럼 볼에서 오른쪽으로 몇 십 센티미터 떨어진 잔디 위에서 하도록 하자.

그림 3

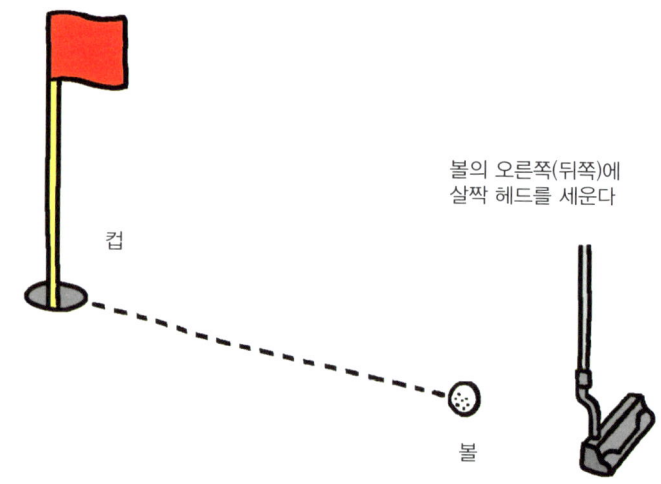

볼의 오른쪽(뒤쪽)에 살짝 헤드를 세운다

처음에는 익숙지 않기 때문에 헤드의 페이스 부근에서 잔디가 어느 방향으로 쓰러져 있는지 재빨리 판단할 수 없다. 그러나 조금 익숙해지면 금방 알 수 있다. 필자는 그림 4처럼, 잔디의 끝이 어떻게 누워 있느냐가 아니라 '잔디의 뿌리가 잔디의 어느 쪽에 있느냐.'로 판단한다.

그린을 정복하는 비법 | 제6장

그림 4

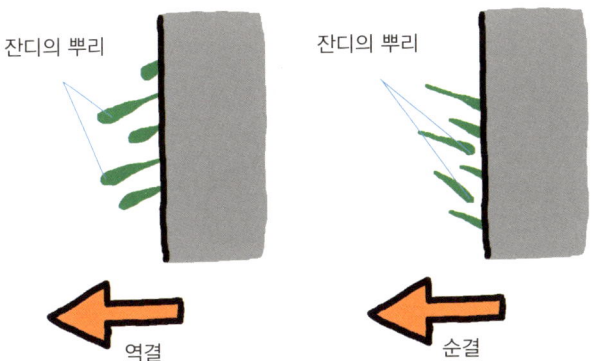

그러면 순결과 역결에서 볼의 움직임은 어떻게 다른가? 당연히 순결에서는 볼이 빠르게 굴러가고, 역결에서는 느리게 굴러간다. 그렇다면 비거리의 차이는 얼마나 날까?

물론 이것은 경우에 따라서 다르다. 그러나 대략적으로 말한다면, 그 차이는 20% 정도라고 볼 수 있다. 예를 들어 10야드 퍼팅에서는 2야드만큼 차이가 나는 것이다.

▶ **비법의 과학**

여기에서 중요한 것은 세심한 주의를 기울여서 헤드를 똑바로 떨어뜨리는 일이다(그림 5). 헤드를 비스듬히 떨어뜨리면 똑바른 잔디도 비스듬하게 눌러서 잔디결을 잘못 읽을 수 있다.

이처럼 잔디결 읽는 방법을 연습하기 위해서는 연습장의 인공 잔디를 사용하는 것이 좋다. 페이스 앞에서 인공 잔디의 뿌리가 보인다면 잔디결

그림 5

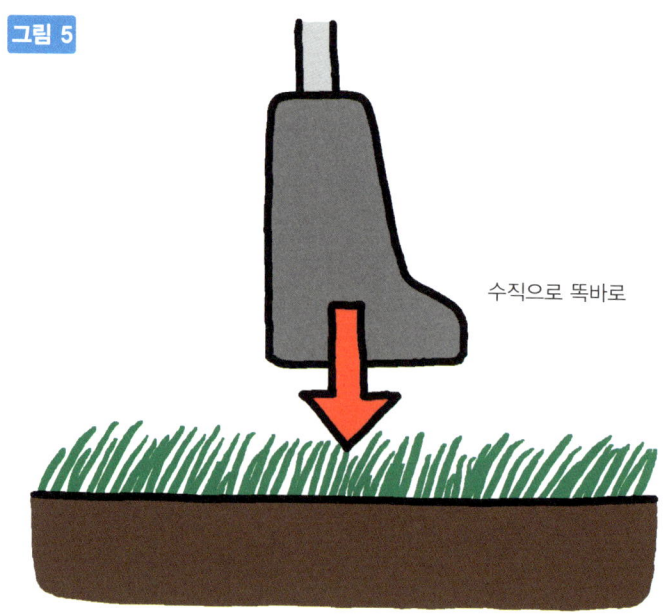

수직으로 똑바로

은 역결이라고 할 수 있다. 반대로 페이스 앞에서 잔디의 뿌리가 보이지 않는다면 순결이라고 판단한다. 그림 4에서 그러한 두 가지 경우를 비교해 볼 수 있다.

비법의 정리

잔디결을 읽기 위해서는 퍼터로 잔디를 눌러서 잔디의 뿌리가 잔디의 어느 쪽에 있는지를 확인한다. 다만, 규칙 위반이 되지 않도록 볼의 뒤쪽에서 실시한다.

6-2 경사를 읽는 비법

▶ **비법의 기본**

컵을 향해 내리막인지 오르막인지는 쉽게 알 수 있다. 하지만 컵을 보면서 '왼쪽 경사(왼쪽 내리막)'인지 '오른쪽 경사(오른쪽 내리막)'인지 판단하기 어려워하는 사람이 많다.

그러나 이것은 잘 납득되지 않는다. 만약 오른쪽 경사가 있는지 잘 모르겠다면 그림 1처럼 90도 정도 걸어보면 어떨까? 직접 90도 정도 걸어보면 오른쪽 경사인지 아닌지 판단할 수 있다.

그림 1

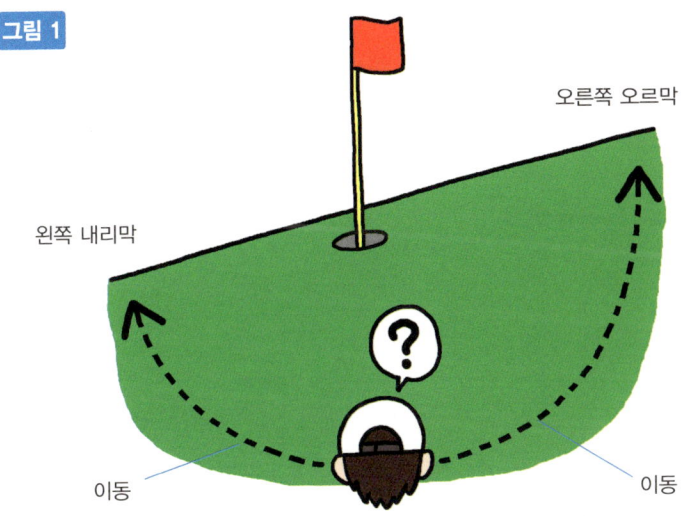

물론 눈의 위치가 '아래쪽에 있을수록' 경사를 읽기 쉽다. 따라서 몸을 지면에 대고 엎드릴수록 경사를 더 정확히 읽을 수 있다.

또한, 좌우의 경사를 읽기 어렵다면 약간 넓은 영역 전체의 모습을 보면 된다. 전체적으로 봤을 때 오른쪽 경사라면 컵 주위도 오른쪽 경사가 되는 경우가 많다.

▶ **비법의 설명**

　내리막이나 오르막 경사는 읽을 수 있는데, 좌우의 경사는 읽기 어려운 이유는 사실 인간의 눈 구조와 관계가 있다. 내리막과 오르막 경사는 눈의 '원근 작용'으로 판단한다. 하지만 좌우의 경사는 눈의 원근 작용으로 판단할 수가 없다.

　이것은 인간이 수직 방향을 직감적으로 결정하고, 그에 대한 컵 주위의 경사 여부를 판단하기 때문이다. 따라서 좌우의 경사는 눈보다는 '몸이 서 있는 위치'로 판단하게 된다. 그런데 인간은 수직을 정확히 판단하기가 어렵다.

　그래서 좌우의 경사 판단은 그다지 신뢰하지 않는 것이 좋다. 오히려 전방 오르막과 내리막 판단을 중요시하는 것이 낫다. 그러기 위해서는 컵 주위를 한 바퀴 빙 돌아보아야 한다. 그것이 번거롭다면 4분의 1바퀴, 즉 그림 1처럼 90도라도 돌아봐야 한다.

▶ **비법의 과학**

　오르막 경사와 내리막 경사에서는 눈에 보이는 잔디의 원근이 다르다. 그림 2처럼 오르막 경사에서는 먼 곳의 잔디가 떠오른 듯이 보인다. 잔디가 떠오른 정도는 거리감에 의해 보강된다.

　즉, 오르막 각도가 A라면 $\sin A$만큼 떠올라 보인다. 이 상하 폭으로 경사를 판단하는 것이다.

　그리고 다음 절에서 자세히 설명하겠지만, 샤프트를 수직으로 들고 한쪽 눈을 감아서 좌우의 경사를 읽는 사람이 있는데, 이것은 잘못된 방법이다.

그린을 정복하는 비법 제6장

그림 2

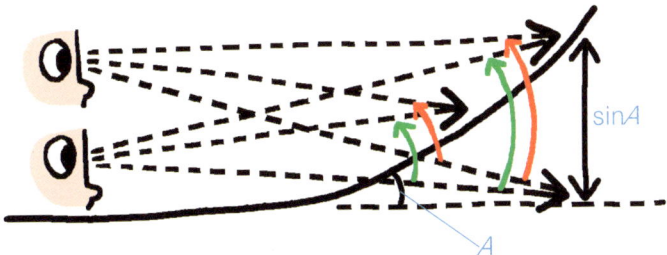

오르막 각도가 A라면 sinA만큼 떠올라 보인다

비법의 정리

좌우의 경사를 알고 싶다면 컵 주위를 한 바퀴 돌아본다. 적어도 4분의 1바퀴는 돌아보아야 한다.

6-3 샤프트를 시계추처럼 들고 경사를 읽는 비법

▶ **비법의 기본**

샤프트를 시계추처럼 들고 그린의 경사를 읽는 방법이 있다. 이것은 퍼터를 진자처럼 늘어뜨리고 눈앞에 대서 경사를 읽는 것이다(그림 1, 사진). 하지만 이것은 과학적으로는 완전한 난센스이다.

어느 정도는 수직 방향을 확인할 수 있고 이 수직선에 대해 컵이 얼마나 기울어져 있는지 판단할 수 있다는 점은 부정하지 못하지만, '늘어뜨린 샤프트가 컵의 오른쪽에 있으면 경사는 왼쪽으로 기울어져 있다.'라든지 '샤프트가 컵의 왼쪽에서 보이면 경사는 오른쪽으로 기울어져 있다.'라는 식의 그럴싸한 가르침은 완전히 틀렸다.

그림 1

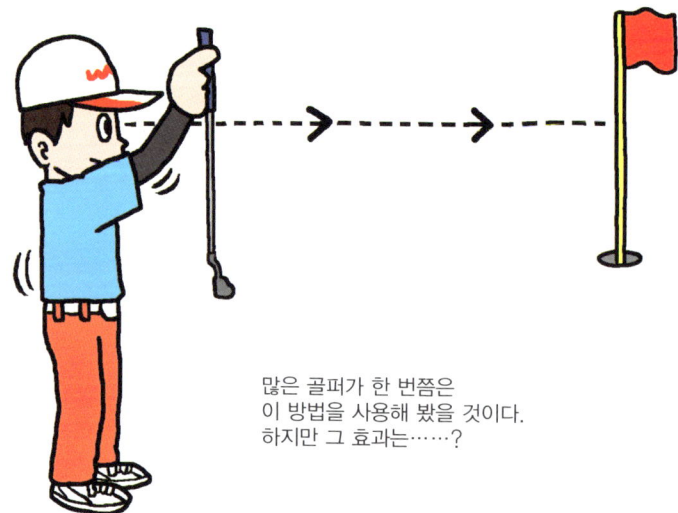

많은 골퍼가 한 번쯤은
이 방법을 사용해 봤을 것이다.
하지만 그 효과는……?

제6장 그린을 정복하는 비법

사진

▶ **비법의 설명**

　분명히 이런 식으로 내린 판단이 정확하다는 느낌이 들 때도 있다. 그럼 검증해 보자. 왼쪽으로 경사진 그린의 컵에 대해 샤프트를 수직으로 늘어뜨렸다. 분명히 컵의 오른쪽에 샤프트가 있다! 즉 컵은 샤프트의 왼쪽에서 보인다(그림 2).

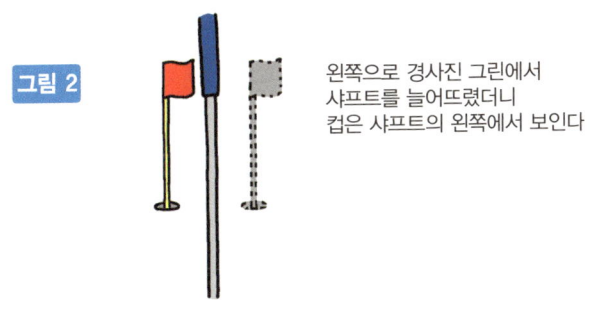

그림 2

왼쪽으로 경사진 그린에서
샤프트를 늘어뜨렸더니
컵은 샤프트의 왼쪽에서 보인다

여기서 이상한 점을 발견할 수 있다. 자신의 몸도 경사를 따라 기울어져 있다는 사실이다(그림 3)!

그래서 기울어진 몸을 수직이 되도록 세웠다. 그러면 어떻게 될까? 컵과 샤프트가 겹쳐서 컵은 보이지 않게 된다!

그렇다. 그린의 경사를 판단하려는 의도와 달리, 사실은 몸이 이미 경사를 인식해서 경사면에 수직이 되도록 기울어져 있는 상태이다. 머리보다 몸이 먼저 경사를 인지하는 것이다. 그렇다면 처음부터 경사를 몸으로 측정하면 된다.

그림 3

왼쪽 경사면

샤프트

자신의 몸도 기울어져 있다!

▶ **비법의 과학**

위에서 설명한 것을 좀 더 확실히 이해하기 위해 다음과 같은 실험을 해 보자.

커다란 골판지에 그림 4처럼 컵(동그라미 표시)을 그린다. 그러고 나서 이 골판지를 수평으로 잡고 컵을 바라본다. 그리고 추를 매단 끈을 늘어뜨린다.

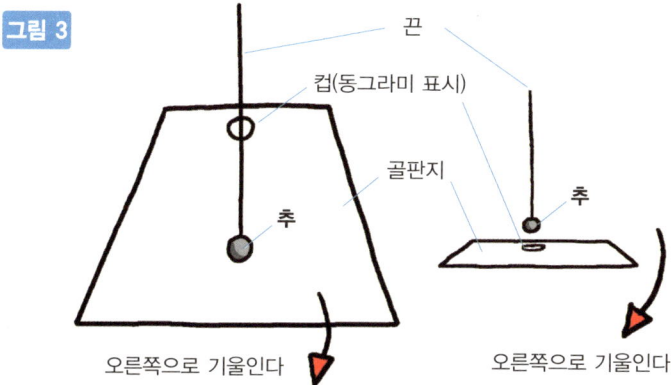

그림 3

먼저, 이 끈과 컵 표시가 겹쳐 보이도록 눈의 위치를 움직인다.

그 다음으로 이 골판지를 천천히 오른쪽으로 기울인다. 이때 수직 끈은 움직이지 않도록 한다. 그러면 아무리 기울여도 끈과 컵 표시는 여전히 겹쳐진 채라는 것을 확인할 수 있다.

또한, 이 상태에서 머리를 오른쪽으로 기울여본다. 그러면 골판지의 컵은 끈의 오른쪽에서 보이게 된다!

이처럼 수직 끈과 컵의 위치 관계는 경사와 전혀 상관없다는 사실을 확실히 알 수 있다.

비법의 정리

퍼터를 시계추처럼 늘어뜨려서 경사를 읽는 것은 전혀 의미가 없다. 경사는 눈(원근감)과 몸으로 측정한다.

6-4 범피도넛을 공략하는 비법

▶ **비법의 기본**

컵을 향해 똑바로 굴러간 볼이 컵 안으로 빨려 들어가려는 순간, 컵 근처에서 휘어지면서 빗나간 경험은 누구나 있을 것이다. 이것은 컵 둘레의 잔디(지면)가 약간 솟아올라 있기 때문이다. 이처럼 컵 둘레에 도넛처럼 솟아오른 부분을 범피도넛bumpy doughnut이라고 한다(그림 1).

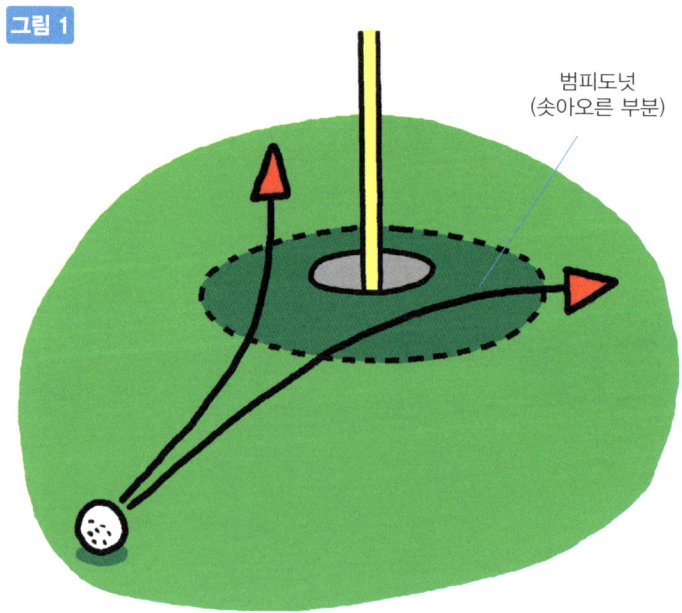

그림 1

범피도넛
(솟아오른 부분)

볼은 컵 바깥쪽으로 굴러간다

볼은 좌우로 아주 약간만 벗어나도 범피도넛 때문에 더 바깥쪽으로 굴러가고 만다. 오른쪽으로 약간 벗어나면 오른쪽으로, 왼쪽으로 약간 벗어나면 왼쪽으로 그대로 굴러가버린다.

이것은 피할 수 없는 현상이다. 굳이 충고하자면 다음과 같은 사항을 유념하자.

- 되도록이면 컵의 한가운데를 향해 친다(당연한 이야기지만!).
- 강하게 친다.
- 규칙에 위반되지 않을 만큼 눈에 띄지 않게, 퍼터의 솔을 이용해서 컵 둘레의 잔디를 누른다.

▶ **비법의 과학**

컵 둘레는 도넛 모양으로 솟아올라 있다. 이것이 범피도넛이다. 범피도넛은 컵을 자르는 작업을 할 때, 마지막에 원통형의 작업 틀을 들어올리다가 생긴 것이다(그림 2).

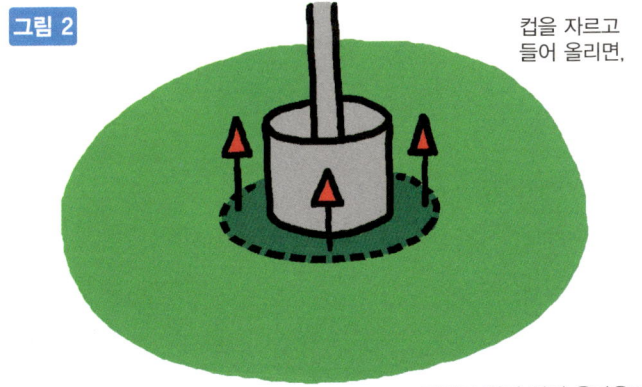

그림 2

컵을 자르고 들어 올리면,

지면도 약간 딸려 올라온다

골퍼가 플레이하는 도중에는 그린까지 가서 잔디를 밟게 되지만, 아무래도 컵 둘레의 범피도넛 부분까지 밟을 일은 없다. 그래서 범피도넛은 솟아오른 채로 남아 있는 것이다(그림 3).

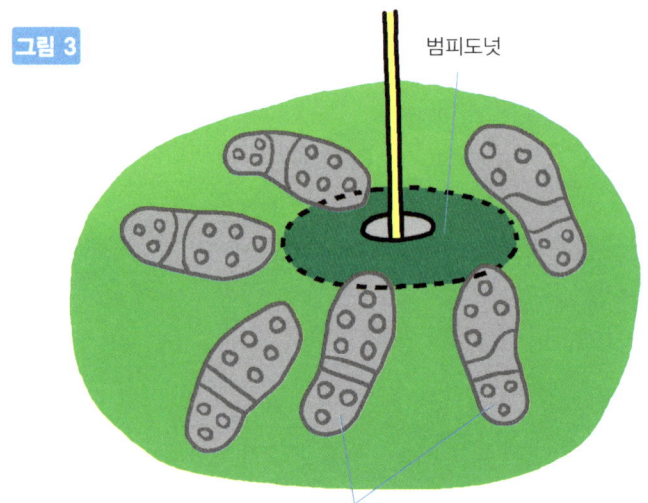

그림 3

범피도넛

범피도넛의 바깥쪽은 골퍼가 밟아서 단단해지므로 솟아올라 있지 않다.

솟아올라 있는 범피도넛으로 볼을 굴리면, 볼은 바깥쪽으로 굴절된다. 이에 관해서는 7-3에서 더 설명하겠다.

▶ **비법의 과학**

범피도넛이 솟아오른 정도를 확인하는 방법은 간단하다. 약간 지나쳐 보일지도 모르겠지만, 과감히 엎드려서 컵 둘레를 눈으로 직접 살피는 것이다(그림 4). 그러면 컵 둘레가 얼마나 솟아올라 있는지 알 수 있을 것이다.

그린을 정복하는 비법 제6장

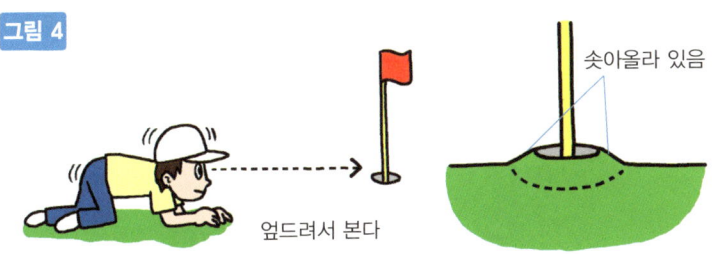

그림 4
솟아올라 있음
엎드려서 본다

앞에서 설명한 것을 확인하기 위해 다음과 같은 실험을 해 보자. 만약 그린이 언덕에 있다면 언덕 주위에 엎드려서 눈의 위치를 그린 면과 일치시키고 바라본다(그림 5).

그림 5 언덕 주위에 엎드려서 눈을 그린 면과 일치시키고 바라본다

범피도넛에서는 왜 볼이 휘어진 후 바깥쪽으로 계속 굴러가는 것일까? 그 이유는 중력이 바깥쪽으로 작용하기 때문이다. 이에 관해서는 다음 장에서 설명하겠다.

비법의 정리

약간 꼴불견이라도 개의치 말고 과감히 엎드려서 범피도넛이 솟아오른 정도를 확인한다. 그리고 한가운데로 강하게 볼을 친다.

6-5 스탠스 자세에서 방향선을 결정하는 비법

▶ **비법의 기본**

퍼팅에 들어가기 전에 경사와 방향성을 판단하기 위해서는 일단 볼 뒤쪽에 쭈그려앉아서 앞을 똑바로 바라본다. 그러면 볼과 컵을 연결하는 선을 확인할 수 있다(그림 1).

그림 1 볼, 마크, 컵이 일직선이 되는 선을 확인한다

이때 그린 위에 마크가 있으면 그것을 기준으로 기억해 둔다(그림 1).

그림 2 스탠스 자세로 옆에서 보면, 앞서 쭈그렸을 때 확인한 일직선과 다르게 보이는 경우가 많다

그 다음에 이 선의 반대쪽에서 동일한 방식으로 컵과 볼이 이루는 선을 확인한다. 역시 그 사이에 표시가 될 만한 것이 있으면 그것을 기준으로 기억해 둔다.

이제 샷하기 전에 스탠스 자세를 취한다. 스탠스 자세로 옆에서 보면서 볼과 컵의 선을 정하고, 페이스를 그에 맞춰서 휘두르게 된다.

이때 방금 앞뒤로 쭈그려앉아서 정한 방향선과, 스탠스 자세를 취하고 나서 본 방향선이 다르다는 것을 깨닫게 될 것이다(그림 2). 당연히 앞뒤로 쭈그려앉아서 본 방향선이 정확하다.

스탠스 자세로 옆에서 본 방향선만을 기준으로 치는 경우가 있는데 이것은 절대 피하자. PGA투어 프로라면 절대 하지 않을 일이다.

▶ 비법의 설명

그런데 '스탠스 자세로 옆에서 본 방향선은 정확하지 않다.'는 사실을 알고 있는 사람은 쭈그려앉아서 컵과 볼의 선을 정했을 때 퍼터의 페이스를 그에 맞춰버릴 공산이 크다. 그리고 그대로 헤드의 페이스를 움직이지 않고 고정한 채 스탠스 자세에 들어가게 된다.

이것은 결코 나쁜 방법이 아니지만, 익숙지 않은 사람은 쭈그린 자세에서 스탠스 자세로 바꾸는 도중에 자기도 모르게 페이스를 움직이게 되는 경우가 많다. 이래서는 헛수고가 되어버린다.

물론 연습을 많이 해서 능숙해지면 되겠지만, 쭈그려앉아서 선을 정할 때 볼의 약간 뒤쪽으로 물러나서 관찰하면 보다 정확해진다. 하지만 볼의 뒤쪽에 떨어져 있으면 페이스를 맞춰댈 수가 없게 된다.

▶ **비법의 과학**

다음과 같은 실험을 해 보자.

스탠스를 취하고 볼과 컵을 잇는 선을 정한다. 이 선이 정해지면 다른 사람에게 부탁해서 이 선상에 마커를 둔다.

"거기가 아니라 좀 더 왼쪽, 왼쪽. 그래, 거기야."

이런 식으로 지시하며 마커의 위치를 조정한다. 그러면 스탠스 위치에서 보는 볼과 마커, 컵을 잇는 직선이 결정된다.

그러면 과연 이 선은 정확한가?

이번에는 볼의 약간 오른쪽으로 이동하여 쭈그려앉아 컵을 바라보자. 그러면 볼, 마커, 컵이 과연 일직선으로 늘어서 있게 될까? 대부분 일직선이 아니라는 사실을 알고 깜짝 놀랄 것이다.

동일한 실험을 이번에는 다른 각도에서 해 보자. 스탠스 자세에서 정한 방향선의 연장선상에서 컵보다 먼 위치에 마크를 한다. 그리고 다시 한 번 볼의 오른쪽으로 이동해 쭈그려앉아 볼, 컵, 마커의 세 점을 바라본다. 역시 이 세 점은 일직선에 있지 않다.

그러나 이 실험을 반복함으로써 자신이 스탠스 위치(옆)에서 방향을 읽을 때 오른쪽으로 치우치는 경향이 있는지, 왼쪽으로 치우치는 경향이 있는지 알 수 있다. 이런 버릇을 깨닫고 나면 차츰 고쳐나갈 수 있게 된다.

비법의 정리

스탠스 자세로 옆에서 본 방향선은 빗나갈 가능성이 많다. 컵과 볼 사이에 마크를 하는 실험을 반복해서 오른쪽으로 치우치는지, 왼쪽으로 치우치는지 자신의 습관을 확인해야 한다. 그리고 그러한 버릇을 실전에서 조금씩 수정하며 친다.

제 6 장 참고

1 퍼터를 늘어뜨리고 경사를 읽는 방법의 실제

눈앞에 퍼터의 샤프트를 댄 후 한쪽 눈을 감고 샤프트와 컵을 맞춰서 그린의 경사를 읽는 방법은 전혀 의미가 없다는 사실을 실험으로 확인해 보자.

실제로 필자는 약 3개월(2008년 6~9월) 동안 이 실험을 실시했다.

실험을 실시한 코스는 캐나다 밴쿠버 시내와 외곽의 골프장들이었다.

우선 퍼터를 늘어뜨려서 경사를 읽고 그것이 왼쪽 경사라면 '+', 오른쪽 경사라면 '-'를 기재했다. 또한, 경사가 없고 수평면이라면 '0'이라고 기재했다. 그리고 기재 내용이 실제와 일치하면 ○표를, 그렇지 않으면 *표를 붙였다.

결과는 다음과 같았다.

+	○ 158회	* 55회
-	○ 147회	* 149회
0	○ 46회	* 46회

이 결과를 보면, 퍼터를 늘어뜨리는 방법으로는 경사를 판단할 수 없다는 사실을 자연스럽게 알 수 있다.

2 옆에서 보면 방향성은 흐트러진다

이것은 자신의 눈이 얼마나 부정확한지를 증명하는 일이기도 하다. 먼저 스탠스를 취하고 옆에서 볼 때 컵과 볼이 일직선이 되는 선을 정한다. 그리고 그 선상에 마크를 한다(그림).

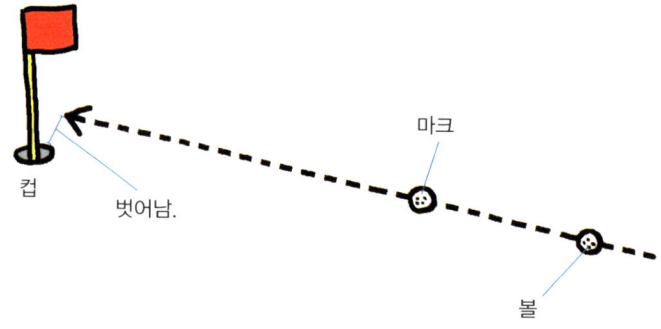

이어서 볼 뒤쪽으로 이동해 쭈그려앉아 볼, 마크, 컵이 일직선에 있는지 확인한다.

필자의 경우에는 위의 두 선이 일치했던 적이 한 번도 없다.

실제로 실험도 해 보았다.

컵에서 15m 떨어진 곳에 볼을 두고, 그 볼을 향해 스탠스를 취한 후 옆에서 볼 때 컵과 볼을 잇는 선을 정했다. 그리고 다른 사람에게 부탁해서 볼과 컵의 중간점으로 보이는 곳에 마크를 했다. 이제 그 마크가 실제 일직선에서 얼마나 벗어나 있었는지 확인해 보면 된다.

이 실험은 실제 골프장에서 23회 실시했다. 그중 22회는 모두 마크가 직선에서 벗어나 있었다. 벗어난 거리가 4cm일 때도 있었다. 스탠스 자세로 옆에서 보면 컵의 방향성이 틀어진다는 사실을 실증한 셈이다.

필자의 경우 벗어난 크기의 평균을 내보니 왼쪽으로 1.5cm 정도였다. 그래서 '컵의 위치를 왼쪽으로 보는 경향이 있다.'고 판단하고, 약간 오른쪽을 향해 스탠스를 취하게 되었다.

경사면 타법의 비법

▶ 비법의 기본

평평한 그린은 거의 존재하지 않는다. 대부분 경사져 있고, 이 경사면에서 비스듬히 볼을 칠 수밖에 없다. 그때 볼의 궤도가 원에 가깝다고 오해하는 사람이 많지만, 실제로는 포물선이다(그림 1).

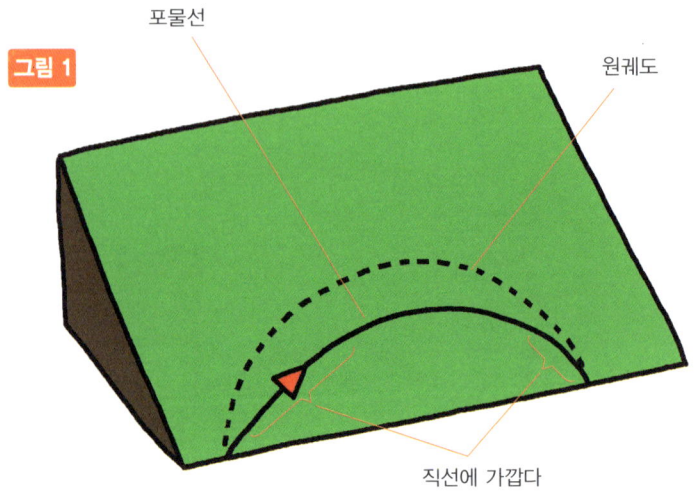

경사면에서 볼의 궤도는 포물선이다

포물선은 볼이 구르기 시작하는 단계에서는 원보다 덜 휜다. 따라서 가까운 거리에서 경사면 타법을 시도할 때는 궤도가 휘는 정도를 과대하게 생각해서는 안 된다. 경사면이지만 오히려 평면에 가깝다고 생각하고 똑바로 치는 편이 좋다.

▶ 비법의 설명

포물선 궤도 가운데 잘 알려져 있는 것은 중력이 작용하는 지상에서 물체를 던졌을 때의 궤도이다. 포물선이라는 단어 자체도 그러한 장면에서 따온 것이다. 다만, 이것은 공기의 저항을 무시한 경우이다.

중력은 지상에서 항상 일정하게 아래쪽으로 작용한다. 날아오른 물체가 어디에 있든지, 어떤 속도로 날아가든지, 항상 일정한 중력이 작용한다. 경사면에서 볼의 궤도를 휘게 하는 힘도 중력의 한 부분이기 때문에 항상 일정하다(그림 2).

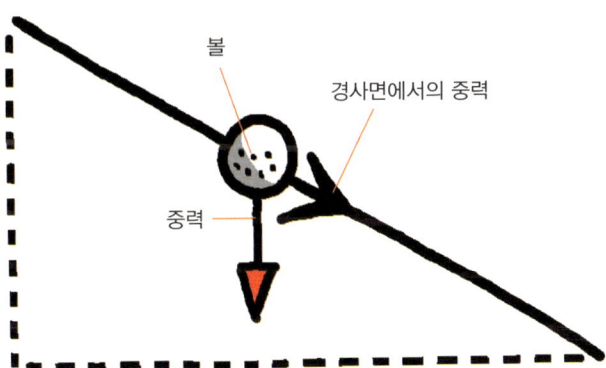

이처럼 항상 일정한 힘이 작용하는 경우에 궤도는 포물선이 된다. 그림 1에서 알 수 있듯이 포물선의 처음과 마지막 부분은 직선에 가깝다. 비교를 위해 원궤도를 겹쳐서 그려보면 잘 알 수 있다.

즉, 처음에는 포물선 궤도가 직선에 가깝기 때문에 경사면에서 볼이 휘는 정도가 생각보다 크지 않다.

생각만큼 볼이 곡선으로 휘지 않아 당황하는 사람도 있겠지만, 이것이 바로 포물선 궤도의 특징이다. 물론 포물선에서도 정점 근처는 휘어지는 정도가 크다. 오히려 원보다 더 크다고 생각하는 편이 낫다.

경사면에 있는 컵을 향해 볼을 치는 경우, 강하게 쳐서 넣으려면 궤도가 생각보다 완만하다는 사실을 염두에 두는 것이 중요하다. 반면에, 볼의 속도가 떨어진 시점에서 볼이 컵에 들어가도록 하려면 약간 크게 궤도를 잡아야 한다.

▶ 비법의 과학

질량 m인 물체에 지표를 향해 수직으로 가해지는 중력의 크기는 mg이다. 여기에서 g는 '중력가속도'이다. g는 전 세계 어디서나 변함없다. 즉, 전 세계 어느 골프장에서든지 항상 동일하다는 말이다.

그림 3처럼 볼의 순간적인 속도를 수평 방향과 수직 방향으로 나눈다. 그러면 수평 방향에서는 중력이 관여하지 않기 때문에 속도의 변화가 없다. 한편, 수직 방향에서는 항상 아래쪽으로 중력이 작용하고 속도가 일정한 비율로 떨어진다.

그림 3

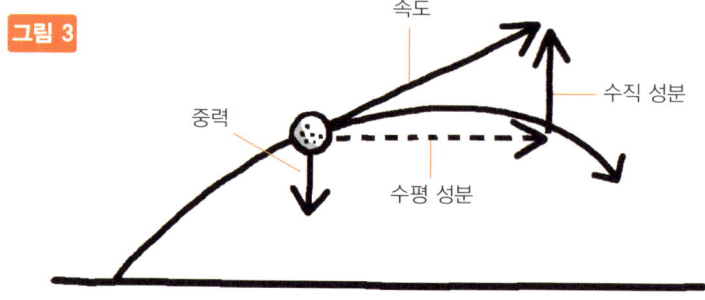

제7장 볼의 궤도를 제어하는 비법

 그 결과, 처음 위로 올라갈 때의 속도는 점점 떨어져서 결국 0이 된다. 이것이 포물선 궤도의 정점이다. 정점을 지나도 속도는 계속 감소하여 역방향이 된다.
 이것이 포물선 궤도의 개요인데, 경사면에서의 궤도도 이와 똑같다. 경사면에서는 그림 4처럼 경사면을 따라 이루어진 궤도면에서 수직으로 중력이 작용하고, 경사면 위에서는 아래쪽 방향으로 $mg\sin A$의 힘이 가해진다. 여기에서 A는 경사면의 경사각이다. 당연히 경사면이 수평면에 가까워지면 A는 0이 되고, $\sin A = 0$이 된다. 이것은 볼이 평평한 그린을 굴러가는 것과 같다.

그림 4

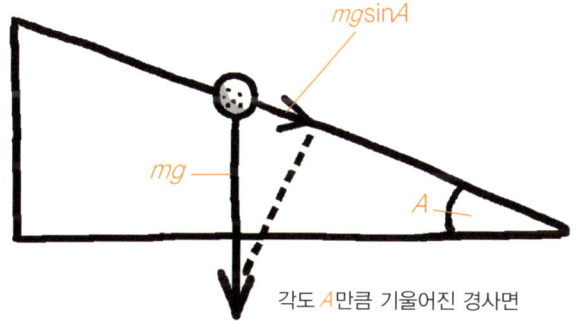

각도 A만큼 기울어진 경사면

비법의 정리

 짧은 거리의 경사면 타법에서는 의외로 궤도가 곡선으로 크게 휘지 않는다는 사실을 염두에 두고 친다. 반대로 먼 거리의 경사면 타법에서는 궤도가 생각보다 더 크게 휜다는 사실을 기억하자.

7-2 그린의 등고선을 읽는 비법

▶ **비법의 기본**

그린이 오르막인지 내리막인지, 그린에서 볼을 비스듬히 쳐야할지 똑바로 쳐야할지 파악하기는 매우 복잡하다. 이처럼 기복이 있는 그린 면에서는 지도처럼 등고선을 그리는 것이 도움이 된다.

그림 1은 산의 등고선을 예로 든 것이다. 등고선이 촘촘한 곳은 오르막 경사가 심하다. 반대로 등고선 사이가 먼 곳은 경사가 완만하다.

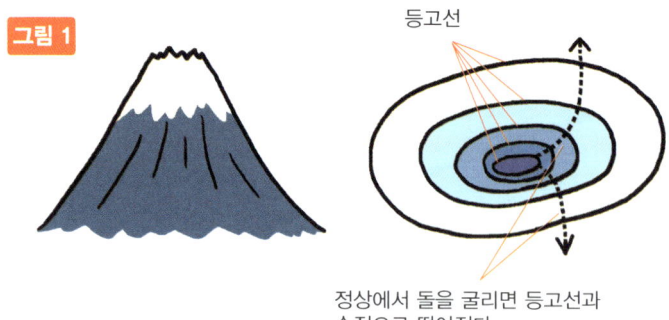

그림 1

등고선

정상에서 돌을 굴리면 등고선과 수직으로 떨어진다

등고선을 보면 정상에서 돌을 떨어뜨렸을 때 어느 방향으로 굴러갈지 알 수 있다. 그린 위를 굴러가는 볼의 방향도 이와 같은 원리를 따른다.

한마디로 말하면 '볼은 등고선과 수직 방향으로 힘을 받는다.'고 할 수 있다. 따라서 그림 2(왼쪽)와 같은 등고선으로 나타난 경사면에서 볼은 그림처럼 등고선과 수직으로 굴러간다.

앞에서 설명한 경사면에서의 포물선 운동도 경사면의 등고선과 수직으로 작용하는 중력 때문에 일어나는 것이다. 또한, 컵 둘레의 범피도넛에서 볼이 바깥쪽으로 굴러가는 것도 같은 원리이다.

그림 2

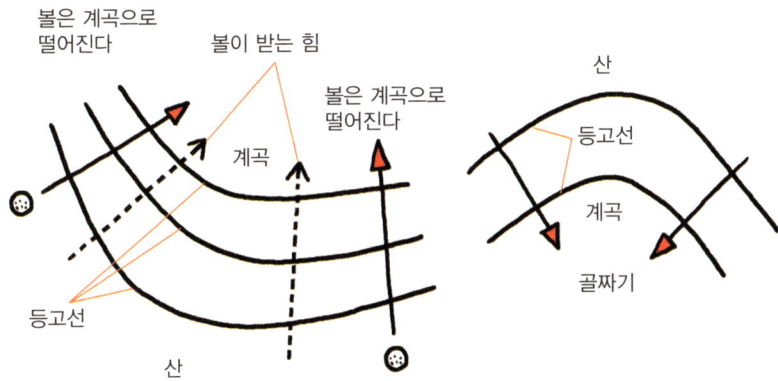

▶ **비법의 설명**

'그린에는 정말 선이라도 긋는다 쳐도, 머릿속에 어떻게 등고선을 그릴 수 있는가?' 라는 불만이 터져 나올 법하다.

등고선을 그리기 어려운 이유는 등고선을 너무 정확히 그리려고 하기 때문이다. 여기에서는 방향성이 가장 중요한 문제이므로, 방향성을 알 수 있을 만큼만 등고선을 그리면 된다. 핵심은 등고선의 방향이다. 등고선의 방향이 정해지면 볼에 작용하는 힘은 그 등고선과 수직이 된다. 즉, 등고선의 방향만 알면 볼이 굴러가는 방향을 알 수 있는 셈이다.

그림 2(오른쪽)는 등고선의 극단적인 사례이다. L자형 계곡에서 볼이 비스듬히 떨어지는 모습을 연상해 보자. 볼이 두 방향에서 각각 어느 쪽으로 힘을 받는지 표시했다.

▶ **비법의 과학**

등고선과 수직으로 힘을 받는다는 사실을 증명해 보자. 우선, 볼이 등고선에 대해 비스듬히 힘을 받는다고 가정한다(그림 3). 이 볼은 비스듬한 힘을 받아 그림 3처럼 점 A에서 점 B로 굴러갈 것이다. 그러나 좀 이상하다. A에서 B로 힘을 받는다는 것은, 동시에 B′의 방향으로도 힘을 받아 굴러갈 수 있다는 뜻이다. ∠CAB와 ∠CAB′는 똑같은 조건이기 때문이다. 그러나 하나의 물체가 동시에 두 방향으로 굴러가는 일은 있을 수 없다. 따라서 볼은 C로 굴러갈 수밖에 없다. 자연은 단순하고 쓸데없는 움직임이 없다(최소 작용의 원리). 즉, 점 A에서 점 B로 운동할 아무런 이유가 없는 것이다.

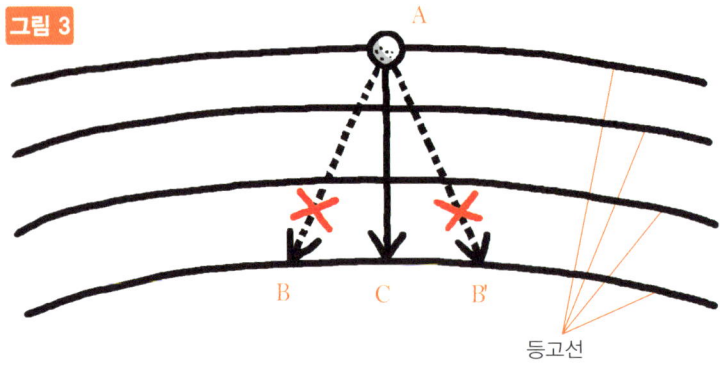

그림 3

> **비법의 정리**
>
> 볼은 그린의 등고선과 '수직 방향'으로 굴러간다는 것을 기억한다.

7-3 포커스 효과를 이용하는 퍼팅의 비법

▶ **비법의 기본**

컵인을 노릴 때 '오르막이 내리막보다 비교적 쉽다.'는 말을 자주 한다. 그러나 이 말은 볼이 잘 굴러가는 좋은 그린에서는 정반대이다. 좋은 그린에서는 오히려 내리막에서 컵인하기 쉽다. 따라서 '오르막 퍼팅이니까 이미 들어간 것이나 마찬가지다.'라고 쉽게 말할 수는 없는 노릇이다.

그 이유는 내리막의 궤도가 좁아지기 때문(포커스 효과)이다. 반면 오르막이라면 궤도가 좌우로 넓어져버려 컵인하기 어렵다(그림 1).

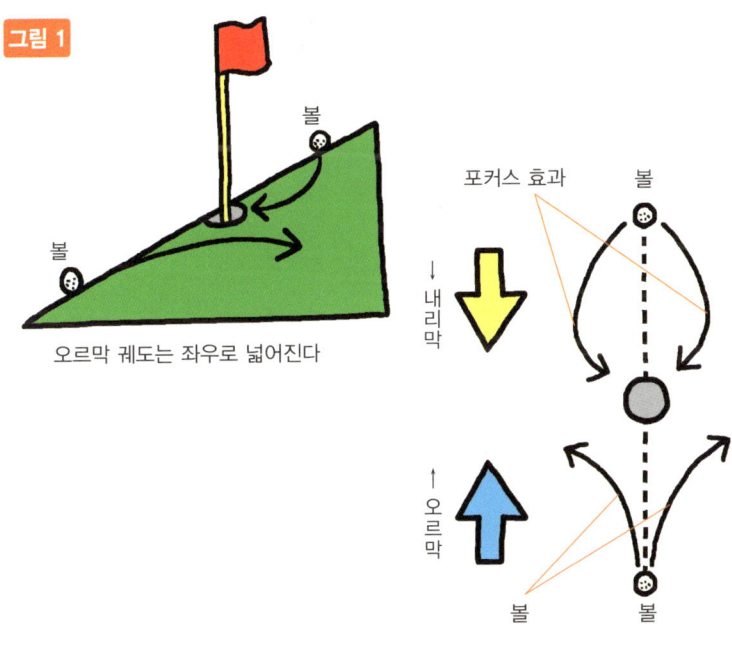

그림 1

오르막 궤도는 좌우로 넓어진다

좌우로 벌어진다

▶ **비법의 설명**

　언뜻 신기해 보이는 이러한 궤도 변화는 중력의 작용 때문에 일어난다. 오르막 경사에서는 그림 2처럼 궤도의 바깥쪽으로 중력이 작용한다. 그 때문에 궤도는 점점 바깥쪽으로 휘어진다(포물선 운동의 일부).

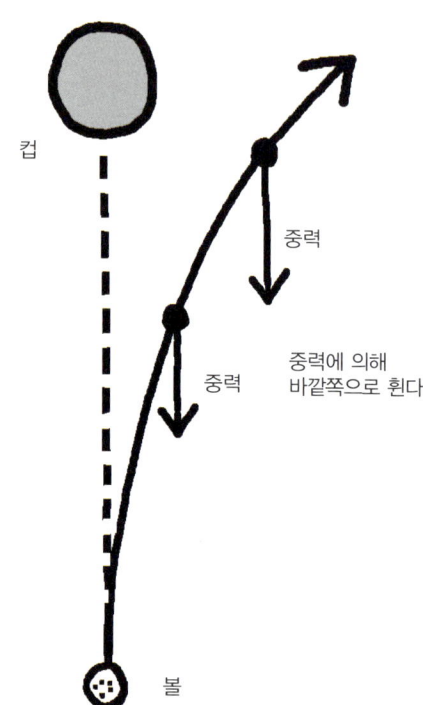

그림 2

　한편, 내리막 경사에서는 그림 3, 그림 4처럼 궤도가 안쪽으로 휘도록 중력이 작용한다. 즉, 볼록렌즈로 빛을 중심으로 모으는 것과 같은 모양이다(그림 5). 따라서 필자는 이것을 포커스 효과라고 부르겠다.

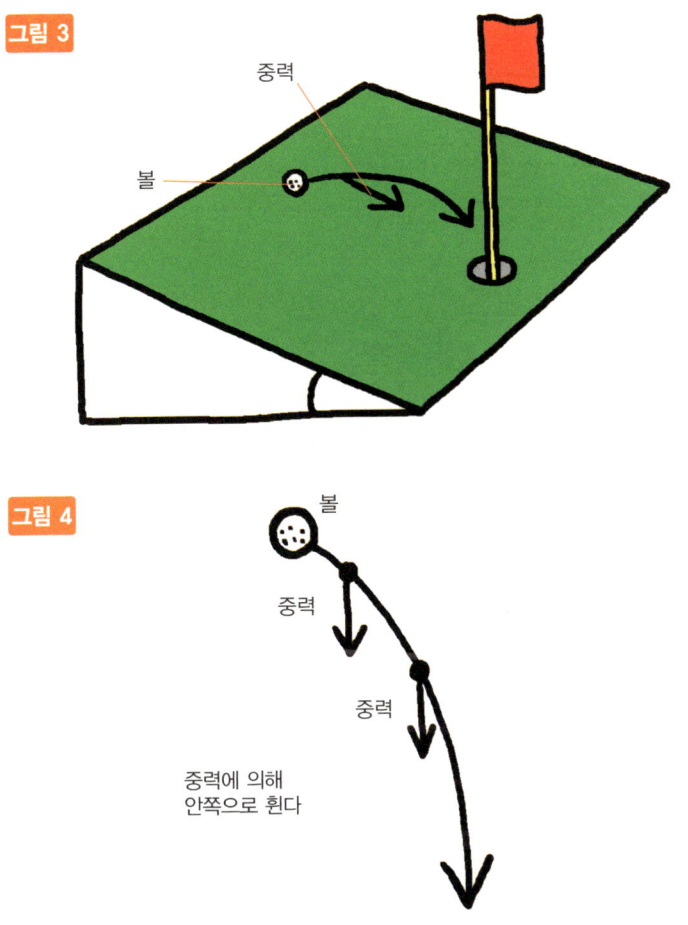

그림 3

그림 4

볼
중력
중력
중력에 의해
안쪽으로 휜다

그러면 '오르막 경사가 더 컵인하기 쉽다.'라는 말이 지금까지의 통했던 이유는 무엇일까?

그것은 앞에서 설명했듯이 '잔디의 상태가 좋지 않은 경우'에 한해서의 이야기다. 잔디의 상태가 좋지 않아 볼의 궤도가 잔디의 영향을 많이 받고 쉽게 휘어지는 내리막 궤도에서 칠 때는 느린 속도로 칠 수밖에 없는데,

속도가 느릴수록 이러한 잔디의 영향을 더 많이 받게 된다.

따라서 '포커스 효과 때문에 내리막에서 컵인하기 쉽다.'라는 말은 어디까지나 잔디가 양호한 상태일 때만 들어맞는다. 최근에는 우수한 약품이 개발되고 잔디 관리 방법도 발전했기 때문에 대부분의 그린 잔디가 매우 양호해졌다. 따라서 포커스 효과는 더욱 강조될 것이다.

그림 5

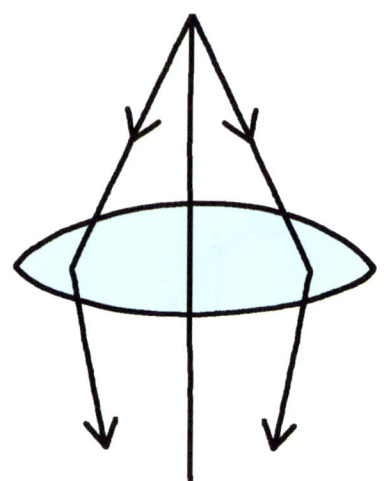

볼록렌즈로 빛을 모으는 것과 같은 포커스 효과

▶ **비법의 과학**

여기에서는 내리막 경사에서 컵인을 노릴 때의 '중력에 의한 포커스 효과'에 관해서 설명한다. 그림 6처럼 컵 방향에서 일정한 각도만큼 볼이 휘도록 쳤다고 하자. 물론 이대로 가면 컵인의 궤도에서 벗어나게 된다.

하지만 여기에 중력이 작용한다. 각도 A의 내리막 경사면에서는 약

$mg\sin A$의 중력이 작용한다. 여기에서 m은 볼의 질량, g는 중력가속도이다. 각도 A가 커지고 경사면의 경사가 클수록 이 힘도 커진다.

궤도는 이 중력 $mg\sin A$의 작용으로 인해 안쪽으로 휘기 때문에 '경사각이 클수록 포커스 효과는 커지고, 컵인하기 쉬워진다.'는 결론에 이른다. 물론 이 결론은 성급한 면이 없지 않다. 각도 A가 커질수록 볼을 느리게 쳐야 볼의 궤도가 많이 휘어지기 때문이다.

그림 6

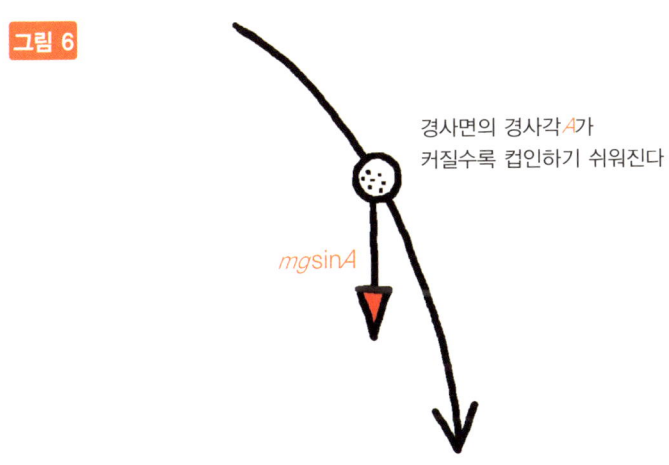

경사면의 경사각 A가 커질수록 컵인하기 쉬워진다

$mg\sin A$

비법의 정리

그린 상태가 좋아진 최근에는 내리막 퍼팅시에 포커스 효과의 중요성이 부각된다.

7-4 칼라에서 그린으로 칠 때의 비법

▶ 비법의 기본

칼라(collar, 그린 둘레에 풀을 비교적 짧게 깎아 테를 두른 것처럼 만든 지역)에서 그린을 향해 볼을 치는 경우는 매우 많다. 반대로 그린에서 칼라를 향해 볼을 치는 경우는 드물다. 이러한 칼라와 그린의 경계에서의 볼의 속도 변화, 휘어지는 방향, 혹은 휘어지는지 여부에 대해서 생각해 보겠다.

그린에서 칼라를 향해 치는 경우는 간단하다. 칼라에 들어가면 속도가 떨어진다. 그렇다면 칼라에서 그린으로 들어가는 경우는 반대로 속도가 빨라지는 걸까? 이것은 매우 어려운 문제이다. 언뜻 속도는 변하지 않을 것처럼 보인다. 경계에서 '가속'될 이유가 없기 때문이다. 하지만 대부분의 경우 속도가 빨라진다!(그림 1)

그림 1

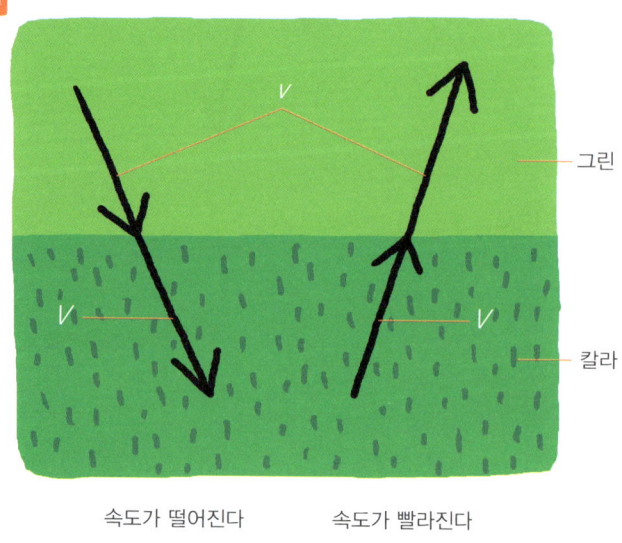

속도가 떨어진다
v>V

속도가 빨라진다
v>V

이렇게 속도가 변하면, 경계에서 비스듬히 굴러가는 볼은, 칼라에서 그린으로 칠 때 그린 쪽으로 빨려들어가듯이(그림 2) 휜다. 반대로 그린에서 칼라로 칠 때는 튕겨내듯(그림 3) 휘어진다.

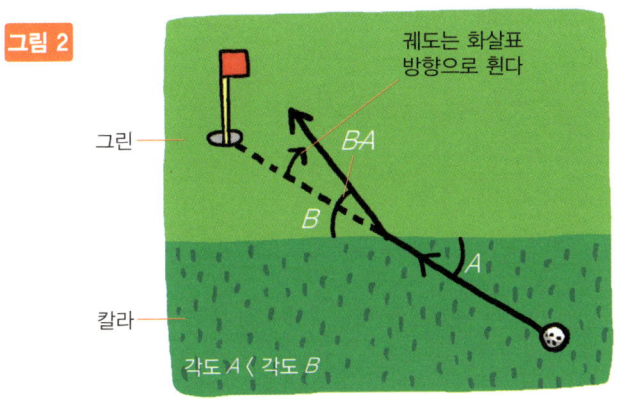

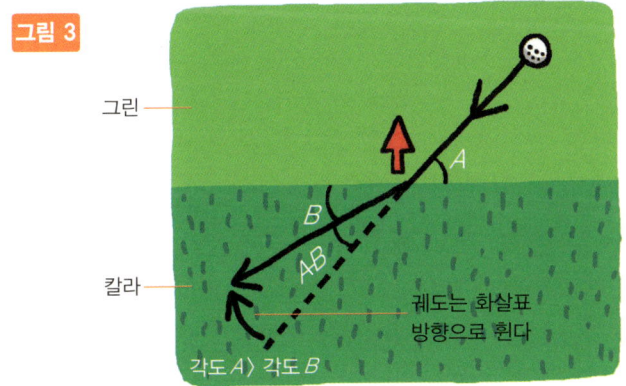

즉, 칼라에서 그린으로 칠 때 궤도는 그림 2처럼 휘어지기 때문에, 컵이 컵까지의 직선상의 위치보다 오른쪽에 있다고 생각하고 볼을 쳐야 한다.

▶ 비법의 설명

가장 이해하기 쉬운 경우는 그린에서 칼라로 비스듬히 칠 때이다. 볼이 그린과 칼라의 경계선에 닿으면, 칼라 부분의 잔디에는 경계선과 수직을 이루며 바깥쪽으로 힘이 작용한다. 이 수직으로 작용하는 힘에 의해 볼의 궤도는 그림 3처럼 휘어진다.

예를 들면, 그림 3처럼 경계선에 대해 각도 A로 진입하는 볼에는 경계선과 수직으로 볼을 바깥쪽으로 밀어내는 힘이 가해진다. 이 때문에 볼의 궤도는 원래의 진행 방향에서 각도 B의 방향으로 꺾인다(각도 B는 각도 A보다 작다).

반대로 칼라에서 그린으로 진입하는 볼의 궤도는 어떨까(그림 2)? 이때는 경계에서 볼의 속도가 어떻게 변하는지에 따라 달라진다. 그린에 진입했을 때 잔디가 짧아지기만 한다면 볼의 속도는 변하지 않을 것이다. 단순히 감속률이 떨어질 뿐이다(그림 4). 그림 4는 칼라에서 그린으로 진입하는 경우와, 그린에서 칼라로 진입하는 경우의 볼의 속도 변화를 예상한 것이다. 일반적으로 그린에서 칼라로 진입하는 경우에는 경계를 넘으면서 급격히 속도가 줄고, 반대로 칼라에서 그린으로 진입하는 경우에는 가속하는 대신 오히려 약간의 감속 경향을 보일 것이라고 생각한다.

하지만 실제로 시도해 보면 칼라에서 그린으로 진입하는 경우에는 대개 볼의 속도가 빨라지고(그림 5), 궤도는 그림 2처럼 꺾인다. 예를 들면, 각도 A로 경계에 진입한 볼은 각도 B의 궤도로 굴러간다(각도 B는 각도 A보다 크다).

그림 4

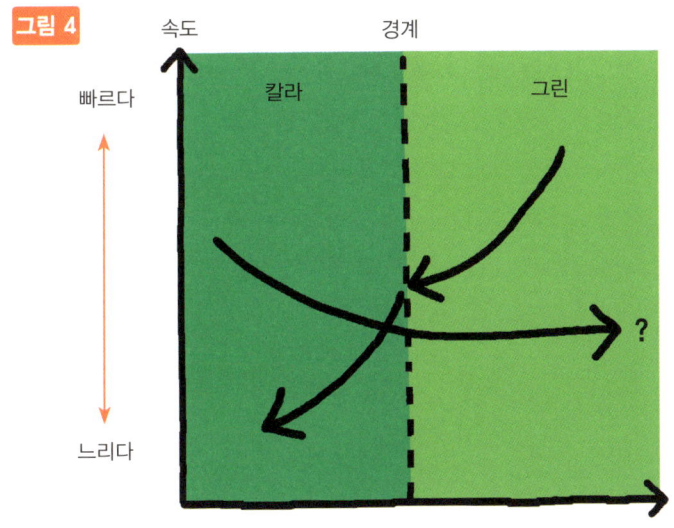

그림 5

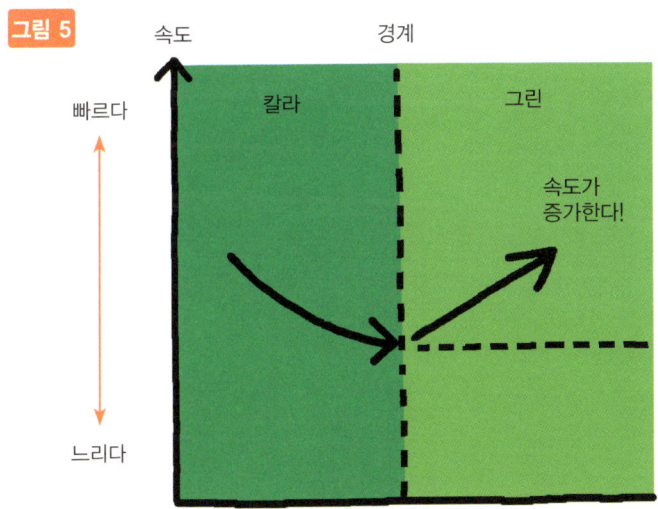

▶ **비법의 과학**

　이러한 볼의 궤도 변화는 특별한 변화가 없는 공간에서, 운동량 mv는 항상 일정하다는 운동량 보존의 법칙으로 설명할 수 있다.

　그러면 칼라와 그린의 경계에서는 어떨까? 경계선 방향과 경계선에 수직인 방향으로 나누어 생각해 보자. 면은 2차원 공간이기 때문에 이 두 방향을 각각 1차원으로 나누도록 하자.

　우선, 경계선 방향에 일치하는 1차원 공간을 생각해 보겠다. 이 방향에서는 공간에 특별한 변화가 없다. 즉, 이 방향의 1차원 공간에서는 운동량이 항상 일정하다. 하지만 이에 수직인 방향에서는 공간에 변화가 있다. 잔디의 모양이 변하는 것이다. 따라서 이 방향에서는 운동량이 일정하지 않다.

　그러면 경계선 방향에서 운동량의 성분은 어떻게 될까? 운동량은 볼의 질량 m과 볼의 속도 v를 곱한 것이다. 그린에서의 볼의 속도를 v, 칼라에서의 볼의 속도를 V라고 하자. 각 공간에서의 운동량은 그림 6처럼 그린에서 칼라로 진입하는 경우에 $mv\cos A$, $mV\cos B$가 되기 때문에 운동량 보존의 법칙에 따라 다음과 같은 식을 얻을 수 있다.

$$mv\cos A = mV\cos B$$

이를 바꾸면 다음과 같은 식이 된다.

$$\frac{v}{V} = \frac{\cos B}{\cos A}$$

　당연히 v는 V보다 크다(그린에서 볼이 더 잘 굴러가기 때문). 따라서 $\cos B$는 $\cos A$보다 크다. 즉, B는 A보다 작아진다.

제7장 볼의 궤도를 제어하는 비법

그림 6

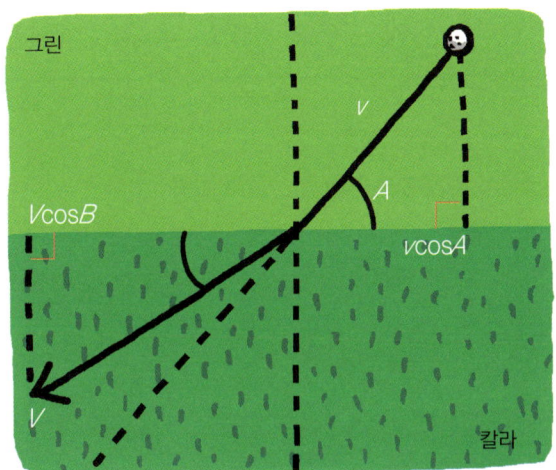

$mv\cos A = mV\cos B$

한편, 그림 2처럼 칼라에서 그린으로 진입할 때 볼의 속도가 커지는 경우에는, 앞의 경우와 달리 각 B가 커지고 궤도가 그림 2처럼 꺾이게 된다.

그러면 볼이 칼라에서 그린으로 진입하는 경우의 속도는 어떻게 변할까? 그 실험과 이론에 관한 자세한 내용은 다음 페이지에서 설명하겠다.

비법의 정리

칼라에서 그린으로 칠 때, 볼이 그린에 진입하면 구르는 속도가 빨라지고 궤도도 휘어짐을 알 수 있다. 볼은 그린의 안쪽으로 향하기 쉽다.

제 7 장 참고 1

칼라와 그린의 경계에서 휘어지는 볼의 관측

본문에서 설명했듯이 칼라와 그린의 경계에서는 볼의 궤도가 꺾인다. 볼이 칼라에서 그린으로 진입할 때는 이 경계에서 '그린의 안쪽으로', 반대로 그린에서 칼라로 진입할 때는 '그린에서 봤을 때 바깥쪽으로' 꺾인다. 이것을 실제로 확인하기 위해 실험을 실시했다.

칼라와 그린의 경계점을 찾아 마크한다(P). 그곳에 그림 1과 같이 볼을 둔다. 이 볼과 마크를 연결한 직선의 연장선에 또 다른 마크를 한다(Q).

그리고 마크 P와 Q를 겨냥해 볼을 친다. 볼과 마크 P, 마크 P와 마크 Q가 1m 정도 떨어져 있다고 하면 빗나가지는 않을 것이다. 볼은 정말 마크 P, 마크 Q를 향해 나아가게 될까? 그러나 마크 P(경계)를 지난 볼은 곧 마크 Q에서 벗어난다.

그림 1

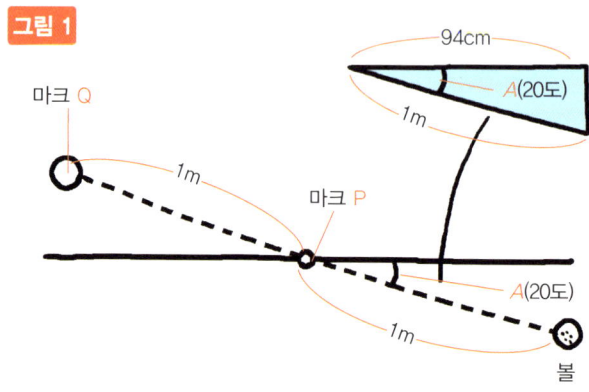

볼을 경계선에서 각도 20도(=A) 방향으로 굴러가도록 세팅한다. 세팅에는 그림 1처럼 각도 20도인 얇은 삼각판을 만들어서 사용했다. 이 삼각판은 밑변이 94cm, 빗변이 1m이다. 일주일에 걸쳐 서로 다른 볼로 실시한 실험 결과는 다음과 같다.

- 그린에서 칼라를 향해 칠 때 바깥쪽으로 꺾인 각도(각 A-각 B, 그림 2)
  4.5도, 2.2도, 2.9도, 3.3도, 0도, 3.5도, 0도, -1도, 2.2도, 3.8도, 4.2도, 3.7도, 3.4도, 2.7도

그림 2

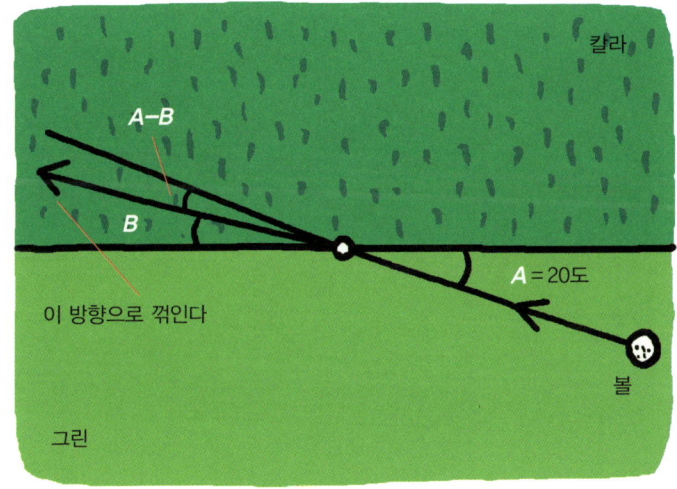

이러한 데이터를 가지고 칼라와 그린에서의 속도 변화 비율을 계산하니, B가 4.5도일 때 최대가 되었다.

$$\frac{\text{칼라에서의 속도}}{\text{그린에서의 속도}} = \frac{\cos(20\text{도}-4.5\text{도})}{\cos 20\text{도}}$$

위 식을 풀어보면 1.025가 된다. 즉, 속도는 2.5% 증가하였다.

- 칼라에서 그린을 향해 칠 때 안쪽으로 꺾인 각도(각 *B*-각 *A*, 그림 3)
  1.6도, 0도, 0도, 2.2도, 1.7도, 1.0도, 2.0도, 1.8도, 1.2도, 2.0도, 1.6도, 0도, -1.5도, 0도

그림 3

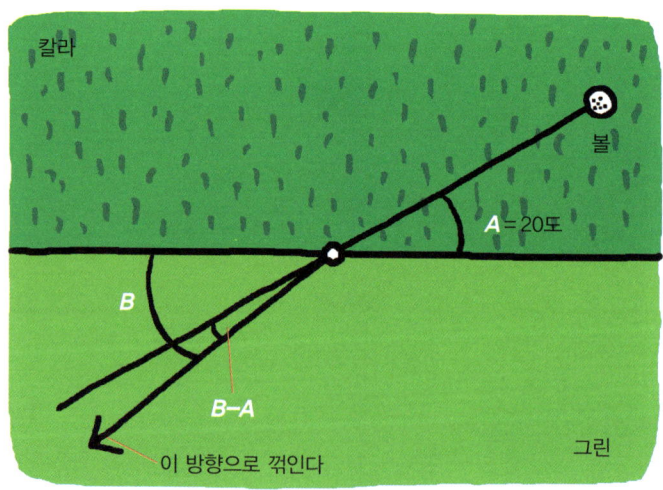

이 실험으로 칼라에서 그린으로 볼을 굴릴 때의 각도 변화가 더 작다는 사실을 알 수 있다. 그래도 2도나 꺾인 경우가 있는데, 이때 속도는 1.2% 감소했다.

제 7 장 참고 2

오르막 퍼팅과 내리막 퍼팅의 실제

대부분의 골퍼는 '내리막 퍼팅보다 오르막 퍼팅이 쉽다.'고 말한다.

하지만 그것은 오해이다. 실제로는 그 반대이기 때문이다. 중력에 의한 '포커스 효과'가 있기 때문에, 잔디가 양호한 그린에서는 내리막 퍼팅일 때 볼을 컵인하기가 더 쉽다. 이 점에 관해서는 이미 본문에서 설명하였다.

그러면 실제로 실험을 통해 확인해 보자.

실험을 위해, 우선 퍼팅 연습기를 개량하여 그림 4와 같이 끝에 컵이 달린 길이 2m의 그린을 준비했다. 오르막 경사와 내리막 경사는 모두 10도로 설정했다.

그림 4

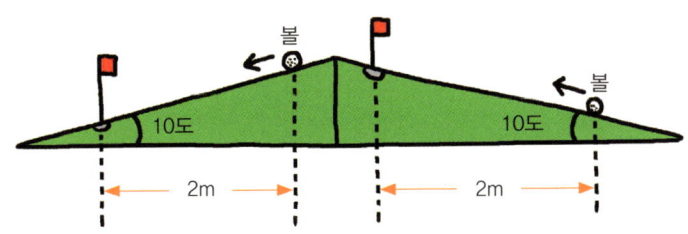

그러고 나서 좌우로 0.57도 가량 불규칙한 흔들림 효과를 주기 위해 아래와 같은 레일을 만들었다(사진).

사진

먼저 오르막 퍼팅으로 컵에 들어가는 비율을 실험했다. 이때 샷 수는 100타로, 그 중 컵인된 볼은 64%였다. 내리막 퍼팅의 경우는 어떠했을까? 같은 100타의 샷 가운데 72%가 컵인되었다. 이 실험을 통해, 실제로는 내리막 퍼팅이 오르막 퍼팅보다 컵인이 더 잘 된다는 사실을 알 수 있었다.

제 8 장
볼을 선택하는 비법

8-1 좋은 볼을 구분하는 비법

▶ **비법의 기본**

골프 볼은 원래 잘 굴러가지 않게 만들어져 있다. 이렇게 얘기하면 '말도 안 된다.'고 생각하는 사람이 있을지도 모른다.

하지만 사실이다.

그 이유는 볼 표면에 딤플(볼 표면에 분화구 형태로 움푹 파인 홈)이 있기 때문이다. 이 딤플로 인해 타구가 약간씩 흔들리게 된다.

볼이 잘 굴러가지 않는 이유는 그뿐만이 아니다. 사실 볼의 중심과 무게중심이 일치하지 않는다는 이유도 있다. 이것을 편심eccentricity이라고 하는데, 이 편심 때문에 볼의 방향이 멋대로 변하게 된다(그림 1). 따라서 이렇게 방향이 흐트러질 소지가 큰 볼은 피해야 한다.

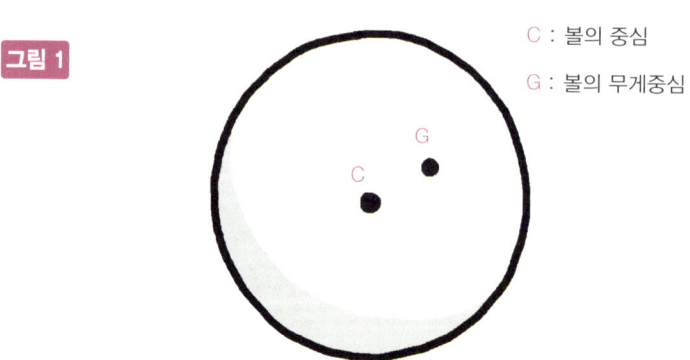

그림 1

C : 볼의 중심
G : 볼의 무게중심

이런 볼을 선택하지 않기 위해서는 자신이 직접 쳐보는 것이 중요하다. 어떻게 체크해 볼 수 있는지는 이 장 말미의 **참고**에서 자세히 설명하겠다.

제8장 볼을 선택하는 비법

▶ **비법의 설명**

그림 2는 딤플을 확대한 그림이다. 딤플에는 원형 딤플, 육각형 딤플 등 여러 가지 형태가 있다. 이 형태에 관해서는 8-2에서 설명하겠다.

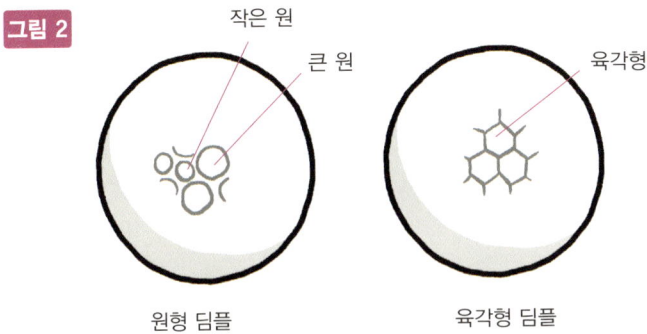

그림 2
- 작은 원
- 큰 원
- 육각형

원형 딤플 　　　 육각형 딤플

퍼터의 페이스가 닿는 곳은 당연히 딤플의 튀어나온 부분인데, 문제는 페이스가 어떻게 닿느냐이다. 페이스가 볼록한 부분의 한가운데에 닿을 때와 측면에 닿을 때는 항력(볼이 받는 힘)의 방향이 서로 다르므로, 볼이 굴러가는 방향도 미묘하게 달라진다(그림 3).

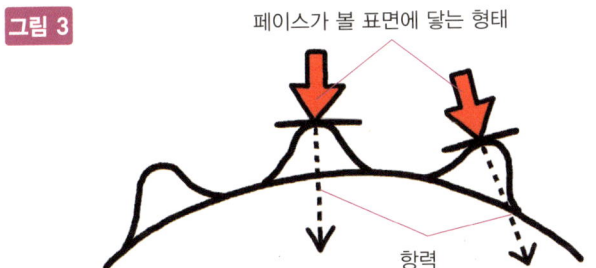

그림 3
페이스가 볼 표면에 닿는 형태
항력

페이스가 볼록한 면에 어떻게 닿느냐에 따라 항력이 달라지고, 볼의 방향도 변한다

편심에 의해 볼의 방향성이 흐트러지는 것 또한 심각한 문제이다. 그림 4는 볼의 중심과 무게중심이 수평 방향으로 어긋나 있는 경우를 나타내고 있다(위에서 본 모습). 여기서 무게중심은, 비구선(볼이 움직이는 방향)을 향해 바라볼 때 중심점보다 오른쪽에 위치하게 된다.

임팩트 순간의 항력은 볼의 중심점을 지나는 방향에 있다. 따라서 볼은 무게중심 주위로 회전하는 힘을 받게 되어, 위에서 봤을 때 볼은 오른쪽으로 회전한다. 즉, 볼은 오른쪽으로 휘어진다.

이처럼 편심이 큰 볼은 출하될 때 최대한 골라내서 제외시키지만, 실제로는 상당수가 시장에 유통되고 있다. 따라서 라운딩 전에 직접 테스트해 보는 것이 중요하다.

그림 4

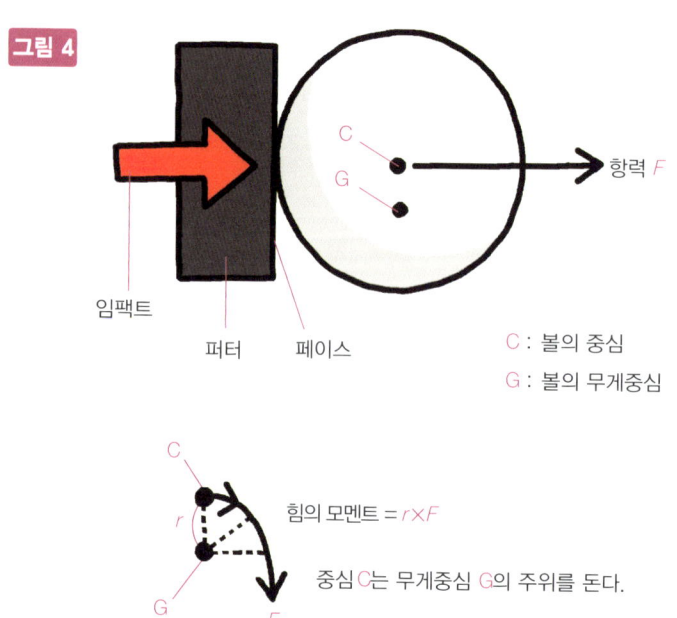

임팩트 퍼터 페이스

C : 볼의 중심
G : 볼의 무게중심

힘의 모멘트 = $r \times F$

중심 C는 무게중심 G의 주위를 돈다.

▶ 비법의 과학

물체와 물체가 접촉할 때 반발력(항력)은 어떻게 작용할까? 반발력은 항상 접촉면과 수직 방향으로 작용한다. 따라서 페이스가 딤플의 볼록한 면에 닿는 법에 따라 항력의 방향이 달라진다. 그림 3에서는 그 극단적인 경우를 예로 들어보았다.

페이스가 딤플에 닿을 때의 상태에 따라서 볼은 의외의 방향으로 날아간다. 어떨 때는 '하늘에서 돌풍이라도 부나?' 싶을 정도로 크게 빗나가는 경우도 있다. 하지만 그것은 돌풍이 아니라 바로 딤플 때문이다.

편심의 원인은 무엇인가? 그것은 결국 골프 볼 제조사의 품질 관리가 허술했기 때문이다. 원래 볼은 완전한 구형이어야 한다. 하지만 제조 과정에서 약간 오차가 발생해서 타원형이 되는 바람에, 중심점과 무게중심점이 어긋나게 되는 것이다!

모든 물체는 무게중심점 주위에서 힘의 모멘트로 회전한다. 힘의 모멘트는 힘의 작용선과 무게중심 사이의 거리에 힘의 크기를 곱한 것이다. 작용선이 무게중심에 있는 경우에는 편심이 없고 회전이 일어나지 않는다. 즉, 동심원을 따르는 질량 분포가 구형과 같고, 등방적^{isotropic}(어떤 대상의 성질이나 분포가 방향에 관계없이 균일함)이라면 편심은 존재하지 않는다.

편심이 없는 볼이 좋은 볼이라고 할 수 있다.

비법의 정리

볼의 편심에 많은 주의를 기울여야 한다. 편심이 크면(볼의 중심과 무게중심이 크게 어긋나 있으면), 타구의 방향성이 나빠진다. 따라서 그 날 사용할 볼의 편심을 미리 측정해 두는 것이 중요하다.

8-2 딤플 선택의 비법

▶ **비법의 기본**

딤플의 튀어나온 부분에 페이스가 어떻게 닿느냐는 중요한 문제이다. 그 메커니즘은 앞에서 설명했다. 그러나 임팩트 순간을 일일이 확대경으로 볼 수는 없는 노릇이므로, 볼을 선택할 때 세심한 주의를 기울여야 한다.

우선 딤플의 깊이가 큰 볼은 피해야 한다. 가능하면 손에 쥐었을 때 손바닥에서 오돌토돌한 느낌이 잘 느껴지지 않는 볼을 선택한다(그림 1).

그림 1

딤플이 깊지 않고
딤플의 오돌토돌한 느낌이
적은 볼을 선택한다

이어서 확대경으로 딤플의 모양을 살펴본다. 볼록한 부분이 완만한 볼, 다시 말해 볼록한 부분의 곡률반지름(만곡의 정도)이 긴 볼을 선택한다. 이에 관해서는 뒤에서 자세히 설명하겠다.

그리고 딤플의 모양과 구조가 복잡하지 않은 볼을 선택해야 한다. 최근에는 여러 가지 이유를 들어 딤플의 모양이 복잡한 볼을 개발하고 있다. 볼이 공중을 날아갈 때의 저항과 양력을 고려했다고 하지만, 퍼팅할 때는 백해무익하다.

▶ **비법의 설명**

딤플의 튀어나온 부분이 완만하지 않은 경우와 완만한 경우(곡률반지름이 작은 경우와 큰 경우)를 생각해 보겠다. 완만하지 않은 경우에는 분명히 임팩트할 때 불안정성이 증가한다. 페이스가 약간만 비스듬히 닿아도 볼에 발생하는 항력의 방향에 차이가 생긴다. 그러나 딤플의 튀어나온 부분이 완만하다면, 이러한 항력 방향에 차이가 거의 없다.

딤플의 모양이 복잡해서도 안 된다. 딤플에는 삼각형, 오각형, 육각형 등 여러 가지 모양이 있다. 게다가 여러 모양을 무리하게 조합한 볼도 있다. 이런 복잡한 볼은 딤플의 홈과 홈 사이에 간극이 생길 가능성이 크다. 복잡하게 조합할수록 간극은 더욱 커진다.

복잡하고 기묘한 볼은 복잡하고 기묘한 샷으로 이어질 뿐이다. 제조사는 볼의 딤플을 설계할 때 볼이 공중에서 어떻게 날아갈지만 고려한다. 퍼팅과 딤플 모양에 관해 실험하고 볼을 개발한다는 소리는 들어본 적이 없다.

▶ **비법의 과학**

볼에 설계된 딤플의 볼록 튀어나온 부분을 원형이라고 생각해 보자. 그에 맞춰 그림 2처럼 내접원을 그린다. 이때 이 원의 반지름을 곡률반지름이라고 한다. 곡률반지름이 작으면 끝이 뾰족하고, 곡률반지름이 크면 끝이 완만하다. 즉, 딤플의 곡률반지름이 큰 볼을 선택해야 미스 샷이 적게 나온다.

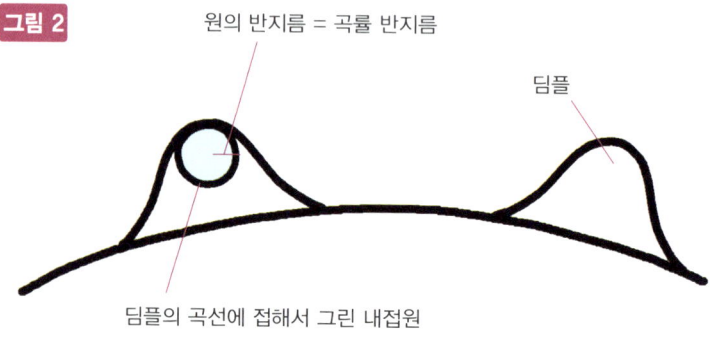

그림 2

원의 반지름 = 곡률 반지름

딤플

딤플의 곡선에 접해서 그린 내접원

딤플의 곡률반지름은 확대경으로 살펴볼 수 있지만, 그보다 더 간단한 방법은 손바닥으로 쥐어 보는 것이다. 딤플의 끝이 완만하지 않은 볼은 강하게 쥐면 손바닥이 아프다. 이러한 볼을 선택해서는 안 된다. 미국의 골프숍에는 딤플이 완만하지 않은 볼이 많으므로 주의해야 한다. 이러한 볼은 대개 '저항이 적고 잘 날아간다.'고 광고하기 마련이다.

볼을 선택하는 비법 | 제8장

이어서 딤플의 모양에 관해서 설명하겠다. 그림 3에는 삼각형, 오각형, 육각형 딤플이 그려져 있다. 복잡한 모양이 될수록 홈과 홈 사이에 간극이 생긴다는 사실을 알 수 있다.

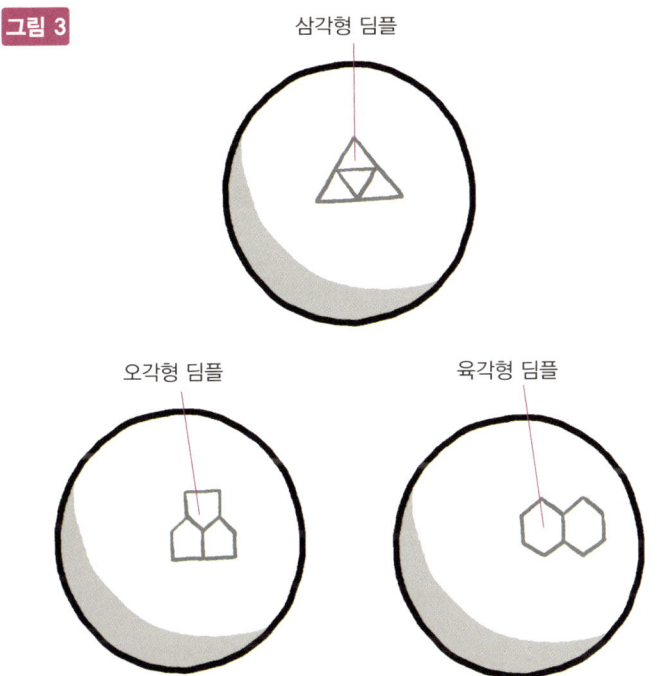

그림 3

삼각형 딤플

오각형 딤플

육각형 딤플

비법의 정리

딤플이 복잡하거나 깊지 않은 볼을 선택한다. 손바닥으로 강하게 쥐어보면 딤플의 상태를 가늠할 수 있다.

8-3 편심 볼을 극복하는 비법

▶ **비법의 기본**

가끔은 편심이 없는 우수한 볼과 만날 수도 있지만, 아쉽게도 대부분의 볼은 편심이 있다. 편심이 있는 볼을 치면 제대로 날아가지 않고 구르는 것도 신통치 않다. 이러한 편심에 의한 미스를 극복하는 방법은 없을까?

우선 편심의 방향을 알아야 한다. 편심의 방향이란 중심점과 무게중심점의 배치, 즉 이 두 점을 잇는 선분의 방향이다. 편심의 방향을 알아볼 수 있는 간단한 방법이 두 가지 있다.

첫 번째 방법은 볼을 물에 띄워보는 방법이다. 대개는 볼이 물에 뜨지 않기 때문에 소금을 넣어서 뜨게 만든다. 그래도 뜨지 않으면 세제를 섞으면 된다. 볼을 물에 살짝 띄우고 볼의 움직임이 멈출 때까지 기다린다. 볼의 움직임이 멈추면 표면에 표시를 한다(사진 1).

이 표시를 북극으로 삼고, 남극에도 표시를 한다. 이 두 표시, 즉 북극과 남극을 잇는 선이 편심의 방향이 된다.

편심을 알기 위한 두 번째 방법은 원심력을 사용하는 방법이다. 이 방법은 회전측정기 위에 볼을 두고 고속 회전시킨 후, 볼 옆에 펜을 대고 적도선을 그리는 것이다. 이 장치는 온라인 쇼핑몰 등에서 쉽게 구입할 수 있다(사진 2).

이 방법으로는 무게중심의 방향을 알 수 있다. 즉 무게중심은 이 적도선의 어딘가를 향한다. 조금 모호하지만 그것만으로도 충분하다.

편심 볼을 칠 때는 첫 번째 방법으로 알아낸 볼의 북극과 남극을 비구선(볼을 움직이려는 방향)으로 향하게 하거나, 두 번째 방법으로 알아낸 적도면을 비구선 방향으로 향하게 한다. 그러면 편심에 의한 미스 샷을 방지할 수 있다.

제8장 볼을 선택하는 비법

사진 1

소금물에 볼을 띄우고, 볼이 멈추면 유성 매직펜 등으로 표면에 표시를 한다.

사진 2

볼의 편심을 알 수 있는 측정기

볼을 고속 회전시키다가 회전이 안정되면, 커버 옆에 펜을 대고 적도선을 그린다.

▶ **비법의 설명**

볼을 물에 띄워서 볼의 북극을 정하는 방법은 간단하다. 물에 섞을 소금이나 세제의 양만 약간 고민하면 그만이다. 볼의 무게중심에는 중력이 항상 아래쪽으로 작용하고 있다. 따라서 무게중심이 옆쪽에 있어도 물속에서는 곧바로 회전해서 아래쪽으로 가게 된다.

그러므로 이 상태에서 볼의 정점을 찍으면 이것이 편심의 방향, 즉 무게중심의 방향이 된다.

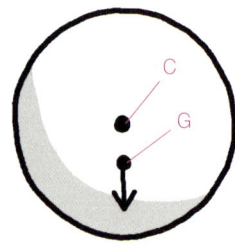

C : 볼의 중심
G : 볼의 무게중심

무게중심은 중심의 바로 아래에 오게 된다

무게중심의 방향, 즉 표시를 한 북극과 남극을 잇는 선을 알았다면, 이 방향을 비구선 방향에 맞춘다. 그러면 임팩트할 때 힘의 모멘트가 0이 되고, 볼은 편심에 의한 회전을 하지 않으며, 방향도 흐트러지지 않는다.

원심력으로 알아낸 적도면을 비구선 방향에 맞추는 경우에도 마찬가지이다. 임팩트할 때 볼에 가해지는 항력이 적도면 내에 있으므로 힘의 모멘트는 0이 된다. 따라서 회전은 일어나지 않는다.

▶ 비법의 과학

볼을 고속 회전시키면 무게중심에 원심력이 발생한다. 이 원심력은 무게중심을 출발점으로 바깥쪽을 향한다. 볼의 무게중심이 아래쪽에 있어도 원심력에 의해 정측면으로 이동한다. 따라서 회전측정기 위에서 볼을 잠시 회전시키면 무게중심이 적도선 위로 이동하게 되고, 볼에 매직펜을 대고 있으면 적도선이 그려진다. 무게중심은 이 적도면 어딘가에 존재하게 된다.

비법의 정리

편심을 측정하는 간단한 방법은 소금이나 세제를 섞은 물에 볼을 띄워서 볼의 정점에 북극 표시를 하는 것이다. 이 볼을 칠 때는 남북 표시를 비구선 방향으로 향하게 한다. 인터넷 쇼핑몰에서 파는, 원심력을 이용해 편심면을 간단히 측정할 수 있는 기계도 유용하다.

8-4 볼의 구조를 이해하는 비법

▶ 비법의 기본

최근의 볼은 구조가 복잡해서 3층 구조, 4층 구조까지 있다. 구조가 복잡한 볼은 '반발력이 좋고 비거리가 길며 방향성이 좋다.'고 여겨진다. 그러나 이러한 볼은 부주의하게 방치하거나 햇수가 오래되면 각 층이 헐어서 생각지도 못한 왜곡이 나타나기 쉽다. 게다가 이러한 복잡한 구조라면 제조 기술도 복잡하기 때문에 편심이 생기기 마련이다.

퍼팅에 가장 좋은 볼은 이러한 복잡한 구조의 볼이 아니라, 저렴한 2층 구조의 볼이며, 그 중에서 테스트 성적이 좋은 볼을 선택하면 된다.

▶ 비법의 설명

볼을 관리하는 데 가장 나쁜 방법은 한여름 고온의 자동차 트렁크에 방치하는 일이다. 한여름 트렁크 안은 80℃에 달한다. 고온에 방치하면 볼의 각 층에 사용된 소재가 열팽창하게 된다.

이 때의 열팽창률은 물론 경우에 따라 다르지만, 볼에 무리와 왜곡이 생긴다는 점은 확실하다. 한 번 왜곡된 볼은 온도가 내려가도 원래 상태로 돌아가지 않는다. 이러한 볼의 왜곡은 퍼팅시 타구의 진행을 불규칙하게 만든다. 즉, 생각지도 못한 편심이 생기는 것이다.

따라서 볼의 관리는 매우 중요하다. 이렇게 볼 때 단순한 2층 구조의 볼이 열팽창의 영향을 가장 적게 받고, 퍼팅에 적합하다고 할 수 있다. 2층 구조의 볼은 제조 과정이 간소하기 때문에 비교적 저렴하다. 그러므로 2층 구조의 볼 중에서 가장 비싼 것을 고르는 게 좋다. 플레이하기 전에 엄밀하게 편심 테스트를 해야 하는 것은 물론이다.

제8장 볼을 선택하는 비법

▶ **비법의 과학**

그림 1은 2층, 3층, 4층 구조의 볼을 나타낸다. 2층 구조는 단순히 코어와 네오우레탄(커버)으로 이루어져 있다. 이에 비해 3층 구조는 코어, 미드아이어노머, 네오우레탄으로 이루어져 있다. 4층 구조는 코어가 두 층으로 되어 있다.

코어와 미드아이어노머는 ECG$^{\text{energetic gradient growth}}$(안쪽으로 갈수록 점점 부드러워지는 코어)라고 불리는 경화고무이고, 표면의 커버는 네오우레탄(또는 우레탄)이다.

그림 1

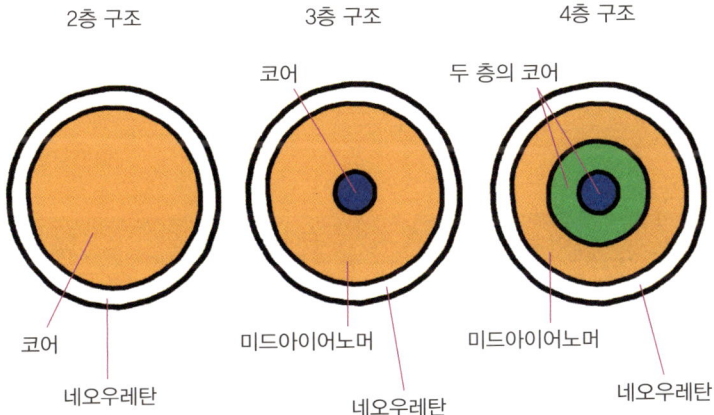

2층 구조 — 코어, 네오우레탄
3층 구조 — 코어, 미드아이어노머, 네오우레탄
4층 구조 — 두 층의 코어, 미드아이어노머, 네오우레탄

비법의 정리

2층 구조 중에서 고품질의 볼을 선택한다. 3층, 4층 구조의 볼을 사용하려면 직접 편심 실험을 실시한 후 선택한다.

제 8 장 참고

  편심이나 딤플의 상태에 따라 볼의 방향성이 얼마나 나빠지는지를 실험해 보았다. 이 실험에서 쓰인 볼은, 편심의 정도가 크고 저렴한 미국산 볼 세 종류였다.

  볼을 굴리는 레일(186페이지)을 각도 10도 정도로 기울여 볼을 굴리면, 앞쪽의 고무 재질로 된 수평면을 굴러가도록 세팅했다.

  이런 식으로 세 종류의 볼을 순서대로 각각 30회씩 굴린 다음, 각 볼이 비구선에서 벗어나는 정도를 계측하고 그 평균을 구했다. 평균은 반치폭으로 나타냈다. 결과는 다음과 같았다.

A사 제품	B사 제품	C사 제품
4.7cm	7.1cm	5.6cm

  이 결과를 보면 알 수 있듯이, 방향성이 불규칙한 정도가 상당히 커서, 비구선에서 평균 7.1cm나 벗어나는 경우도 있었다. 당연히 이러한 볼을 퍼팅 현장에서 사용하는 일은 위험하다.

〈참고문헌〉

《골프는 과학이다(カラー図解でわかる 科学的ゴルフの極意)》(오츠키 요시히코 저, 사이언스 아이 신서)
《오츠키 교수의 완전 초보 골프(大槻教授のまったく初めてのゴルフ)》(오츠키 요시히코 저, NHK출판)
《프로의 볼은 왜 무거운가?(プロのボールはなぜ重い?)》(오츠키 요시히코 저, 골프다이제스트사)
《본격적으로 진정한 클럽 선택하기(本気で本当のクラブ選び)》(오츠키 요시히코 저, 골프다이제스트사)
《물리학 총론(物理学総論)》(오츠키 요시히코 저, 학술도서출판사)
《The Golf Handbook》(Vivien Saunders 저, Marshal Editions)
《Dave Pelz's Short Game Bible》(Dave Pelz 저, Doubleday)
《The Physics of GOLF》(theodore P. Jorgensen 저, Springer)

맺음말

    이 책은 어프로치와 퍼팅에 집중적으로 '과학적 골프의 비법'을 설명한 책이다. 이 책을 다 읽은 독자 여러분은 지금까지 어디서도 들은 적 없는 비법에 놀랐을 것이다. 그리고 골프계의 상식으로 여겨졌던 노하우가 이 책에서는 완전히 부정되거나 부분적으로 부정되는 데 당황했을지도 모른다. 하지만 이러한 결론은 과학적으로 내려진 것이기 때문에 받아들일 수밖에 없다.

    부디 과학을 믿기 바라며, 이러한 과학적 비법을 몸에 익히기 위해 연습할 것을 권한다. 아무리 과학이 정직하다고 해도, 그것을 이용하는 사람이 과학에 반하는 행동을 한다면 아무 소용없다.

    이 책을 출판하는 데는 과학서적 편집부의 이시이 겐이치 씨의 도움이 컸다. 이 자리를 빌려 감사의 인사를 드린다. 또한, 필자가 소속된 아쿠칸국제아카데미의 기시 나오야 사장님도 원고의 취재와 정리에 많은 도움을 주셨다. 그리고 도치기 현의 도키와 골프연습장, 사이판의 킹피셔 GL, 주간 골프다이제스트 편집부에서는 이 책을 쓰는 데 많은 영감을 주셨다.

    모두에게 감사의 말씀을 올린다.

오츠키 요시히코